WANN-CHLORE.

PARIS. — DE L'IMPRIMERIE DE RIGNOUX,
Rue des Francs-Bourgeois-S.-Michel, n° 8.

WANN-CHLORE.

Una fides, unus Dominus:
Un même amour, un seul maître.
Sᴛ. Pᴀᴜʟ, aux *Corinthiens.*

TOME TROISIÈME.

PARIS,
URBAIN CANEL, LIBRAIRE,
place Saint-André-des-Arts, n° 30;
DELONGCHAMPS, LIBRAIRE,
boulevard Bonne-Nouvelle, n° 3.
—
M DCCC XXV.

WANN-CHLORE.

CONTINUATION DES MÉMOIRES D'HORACE LANDON.

Ire *lettre d'Annibal à Horace.*

« Il y a réellement du plaisir à être ton ami, la belle miss Wann-Chlore me regarde avec quelque bienveillance : ne lui apportais-je pas les bulletins de la grande armée? et, Dieu sait avec quelle avidité ils sont lus! tout cela pour un petit capitaine de chasseurs qui, dans ce moment, trotte inaperçu parmi cent mille hommes. Je vois venir de belles comtesses, des duchesses, des femmes de généraux; elles traversent la cour du ministère, et, sans s'inquiéter si leur joli pied sera crotté, montent, sollicitent des nouvelles sur leurs nobles époux, avec ardeur j'en conviens; mais demandent aussi, et cela avec indifférence, si l'un de leurs parens, jeune capitaine, a été épargné : elles remuent ciel et terre si, par hasard, nouvelle leur manque sur le petit capitaine ; elles n'obtiennent pas grand chose; elles ont mis en l'air gens, voitures, employés, elles vont même jusqu'au ministre!... Au sein du Marais, vit obscurément une jeune fille, qui, par la seule vertu de son sourire, obtient chaque fois, avant tout Paris, l'assurance que l'amour de ses regards galope au son de la trompette en toute liberté : Amitié! voilà ton ouvrage!...

« Elle veut être mon amie, parce que tu m'aimes... Heureux de posséder une âme aussi touchante, tu devrais ne rien trouver de mal, quelque chose qui t'arrivât! Tu es pour elle une éternelle pensée. Elle est vêtue de blanc, mais elle porte une ceinture noire et des ornemens de deuil; il n'y a dans cette conduite aucune affectation, c'est chez elle une chose toute simple. Elle prononce rarement ton nom, et quand elle l'entend elle n'est pas maîtresse d'une émotion profonde. Ce que j'ai le plus admiré en elle et ce dont tu ne m'avais pas parlé, c'est cette expression de dévouement qui éclate au milieu d'une naïve ingénuité, son nez fin qui respire l'enjouement et forme un singulier contraste avec la douleur dont se voilent les beautés de sa figure. Ah! Horace, pourquoi te l'ai-je montrée!.. elle est à toi, n'en parlons plus.

« Je leur ai fait un sensible plaisir en leur apportant la carte du théâtre de la guerre, et partout où va ton régiment tu sens que là est pour eux le quartier-général : une banderolle fixée par de la cire sur l'épingle annonce que là vit le bien-aimé, et cette carte est pour elle un bonheur.

« Horace, Horace, heureux ami ! tout a été couronné par un de ces événemens qui me feraient rester comme une statue, éternellement agenouillé devant une si noble créature. Tu m'avais vanté son talent, cette brillante inspiration, cette harmonie angélique, si je te retraçais tes discours je couvrirai vingt pages..., tu sens que j'étais curieux d'entendre cette merveille ; je le demandai humblement, au nom de notre amitié; elle refusa: je le demandai en ton nom; elle se leva, un air de prophétesse régnait sur sa figure, elle marche à sa harpe, prend un couteau, d'un seul coup tranche toutes les cordes, saisit un crêpe, l'y jette, puis me regarde fièrement comme pour me dire : croyez-vous que cette harpe doive chanter en son absence ?..

« Elle était sublime!.. Un frisson s'est glissé jusqu'à mon cœur. Mon ami, voilà de la musique supérieure à celle que tu as pu entendre. Quand elle revint s'asseoir, une sorte de respect, ce respect que l'on a pour les grands hommes aux âmes supérieures, se mit entre elle et moi.

« De quelle foule de questions je suis accablé sur ton compte!.. avec quel bonheur et quelle joie je réponds. Je raconte nos aventures de collége, notre vie dans le monde. Elle tressaille, pleure et rit quand je dis que depuis ton arrivée à Paris je n'ai pu te décider à aller dans aucune assemblée; quand je vante ton amour pour les arts, l'ingénuité de ton caractère, ta bonté, ta bienfaisance; et cette nonchalance d'existence, cette heureuse disposition de l'âme qui font trouver plus de bonheur dans une douce conversation au coin du feu, entre deux ou trois amis, que dans le grand monde. Elle ne t'aime pas, Horace, elle t'adore!

« Chaque fois je sors le cœur pressé, désirant une miss Wann et pénétré de l'impossibilité d'en trouver une seconde. Eh! qu'elle soit laide, pourvu qu'elle soit gracieuse, qu'elle brise les cordes de sa harpe en mon absence, qu'elle porte mon deuil et que je vive au fond de son âme! Je regarde dans le monde, au bal, toutes ces pauvres petites misérables créatures d'un œil de pitié, en les voyant se harnacher comme des chevaux de cortége, avec des plumes, des parures, des colliers. Et la parure de l'âme? leur demandais-je. Elles aiment comme elles se lèvent, se couchent, s'habillent, habillent, mangent et se déshabillent tous les jours. Adieu, il faut que j'aille au ministère. Tu trouveras ci-incluses les lettres de ton ange.

11ᵉ *lettre d'Annibal Salvati à Horace Landon.*

« Je te félicite de ta nomination au grade de chef d'escadron, mais tes exploits font frémir ta chère Wann. Plus je la vois et plus elle me semble étonnante : le temps n'affaiblit en rien sa douleur et son amour. On dirait, à l'entendre parler de toi que ton départ est d'hier. L'Empereur a passé une revue aux Tuileries, elle y était. En l'apercevant, elle a fait un pas comme pour lui parler, et s'est évanouie dans nos bras. La vive amitié dont elle m'honore, le charme de ses manières, l'agrément de sa conversation et la gentillesse de *son parler* m'ont enivré; ma visite du soir est un besoin pour moi.

Je doute qu'elle soit aussi brillante en ta présence que parmi nous; son amour doit lui ôter ses moyens. C'est une sirène ! quand elle s'ingère de parler sur un sujet, elle captive. J'ai admiré l'étendue des connaissances que le vieil ami lui a inculquées et dont elle ne fait jamais parade comme nos Parisiennes.

« Je t'envoie ses dépêches, dans lesquelles elle te recommande, m'a-t-elle dit, de ne jamais tant te risquer. La santé du pauvre père Wann n'est pas très-bonne.

« La chère créature t'envoie son portrait. Que l'on doit être brave quand on porte sur la poitrine une image aussi gracieuse, le portrait d'un ange d'amour dont chaque pensée nous est adressée dans le silence! Pour ton ami, il repète sans cesse que tu es trop heureux; et, si je ne t'aimais pas autant, j'envierais ton bonheur bien davantage. Il me prend souvent des envies de ne plus voir cette sirène enchanteresse, elle me *charme*. Adieu. »

IIIe *lettre de Salvati à Landon.*

« Aussitôt que j'ai appris la nouvelle de ton affaire brillante à S***; que j'ai su que tu avais été blessé si dangereusement, j'ai couru chez tes amis pour atténuer le terrible coup que le bulletin porterait; car tu es cité. O cher ami! lorsque j'entrai, qu'elle aperçut mon air triste, elle jeta un cri horrible, renversa lentement sa tête dont les cheveux se déroulèrent et s'écria : « *Il est* *mort!..* » Je courus à elle, lui jurant sur l'honneur que tu vivais. Elle me regarda d'un œil hagard et me dit d'une voix mal assurée : « Ne me cachez rien, j'ai du courage. » Je lui ai tout raconté : « Y a-t-il une lettre? demanda-t-elle. » Je lui dis que non. Elle resta immobile et stupide toute la soirée : il n'y avait plus personne pour elle dans le monde.

« Le lendemain je m'empressai, dès le matin, d'aller savoir de ses nouvelles, l'on m'a dit *qu'ils* n'y étaient pas : voici trois jours que l'on me fait la même réponse, et la plus vive inquiétude m'a saisi. Je m'empresse de t'écrire et vais faire des démarches pour apprendre ce qu'ils sont devenus. Donne-moi de tes nouvelles, je t'en supplie. »

Lettre de M. Horace Landon à M. Annibal Salvati.

« Ne les cherche plus tant, mon cher Salvati, voici mon aventure. Dans la journée de...... j'étais avec mon régiment sur l'aile gauche; c'était une bien chaude affaire; mais nos gens enrageaient, nous avions l'ordre de ne pas marcher. La victoire restait indécise et il y avait précisément en face de nous un carré terrible composé de bonnes troupes. La nuit arrive, l'ordre de donner nous est transmis, grands cris de joie, nous partons. Arrivé à portée de fusil, je me suis approché du colonel, qui m'aime comme tu sais, et je lui dis : « Je gage, colonel, que ces gens-là masquent une batterie... — Nous verrons bien !.. répondit-il d'un air sévère. Notre régiment a été balayé, le colonel est mort... Commandant au reste de nos hommes d'avancer, nous avons emporté le poste après une lutte terrible. Je suis resté le seul officier. En même temps que nous nous rendions maîtres de cette partie de la ligne, on triomphait sur l'autre, et ce fut au sein même de la victoire qu'un dernier coup m'atteignit dans la poitrine. Le portrait de Wann a amorti le coup. L'armée a marché en avant et l'on m'a laissé dans le petit village de S..... avec une grande quantité de blessés. On m'a établi dans une misérable cabane allemande, bâtie en bois. La blessure était si grave qu'on m'a tenu pour mort pendant long-temps. Je suis resté sur mon lit de douleur, immobile, souffrant, sans avoir aucune perception des choses de ce bas monde, mais des souffrances... inouïes! Le chirurgien a retiré le portrait pièce à pièce, l'éclat de l'obus était aussi dans la plaie.

« Je ne te dirai pas combien de temps je suis resté aveugle. Une nuit, à la lueur d'une mauvaise lampe, je distinguai cependant à travers le voile nuageux qui obscurcissait mes yeux, une ombre légère; elle voltigeait dans ma chambre. J'acusai ma raison égarée, et je mis cette apparition sur le compte des songes. Tantôt elle veillait au chevet de mon lit, tantôt elle arrangeait la chaumière, en apportant dans cet asile de la souffrance l'esprit d'ordre et de propreté qui la suit partout. Était-ce Wann-Chlore?.. Je crus d'abord à la présence de quelque béguine allemande. Chaque minute me semblait ma dernière heure, et je n'avais même pas toute la sensation que comportaient mes douleurs; il semble que l'indulgente nature vous aide à vivre le plus qu'elle peut, même en vous ôtant des forces vitales. Cette ombre légère et ces soins me tourmentaient beaucoup. La nuit je la voyais toujours les yeux fixés sur les miens; et, dans mon délire, je reconnaissais parfaitement l'expression des yeux de Wann-Chlore.

« Enfin, un matin, je sentis une main si douce et si tendre faire à ma blessure une friction avec un soin si minutieux, recommencer avec tant de patience, y mettre une légèreté, une douceur, si grandes, que j'eus l'idée que ce pouvait être elle!.. Oh! il faut avoir passé par ce monde inconnu de douleur pour s'en figurer les émotions : les objets ne paraissent plus sous leurs couleurs et dans leurs dimensions véritables : les forces du corps sont anéanties à un tel point que lever la main est un supplice; il règne dans l'âme une teinte d'aliénation qui rend les objets de la vue, des fantômes; la parole est difficile; on rassemble tout ce qu'il y a d'énergie dans nos facultés, et l'on ressemble encore à une vraie machine. Ainsi tu peux, cher Salve, imaginer à travers quel voile j'apercevais. Ce fut alors que je levai la main, pour saisir une autre main qui

me sembla la sienne, en disant :
« Wann!... » J'entendis le murmure
confus des voix, les expressions de
joie et bientôt le silence, car je retombai dans ma première faiblesse.

« Ce fut quelques jours après, une
nuit que, n'ayant plus de fièvre,
éprouvant un bien-être qui me faisait croire que je *renaissais*, j'aperçus, à la douce lueur d'un flambeau
nocturne, ma chère Wann, dont les
yeux attachés sur les miens semblaient se complaire à me veiller. Je
la reconnus alors... et je l'appelai
doucement. Elle me prit les mains,
les baisa, me dit : « Reste calme, »
et me montra son père qui dormait
dans un grand fauteuil... Quel délicieux moment, quelle joie au milieu
de la souffrance! Wann était maigre,

ses doigts effilés, toute sa figure déposait de sa vigilante tendresse. La cabane était devenue un temple.

« Depuis ce moment, soit que la certitude de sa présence ait agi sur moi, soit que ses soins aient augmenté en apercevant poindre la santé, j'allai sensiblement mieux, et j'eus dès lors le touchant spectacle de son attentive tendresse : une mère! une mère qui soigne un enfant chéri!

« Elle me raconta comment, le jour même de la nouvelle, elle était partie avec son père, et ses souffrances de cœur, et ses craintes d'arriver trop tard, de ne pas retrouver ma trace ; enfin sa terreur quand elle m'aperçut aux portes de la mort ; elle a tu le reste.

« La délicatesse des soins d'une

femme, Salvati, est incroyable ; j'admire maintenant son adresse à saisir mes pensées : elle voit avant moi, qu'un rayon de soleil trop fort me blesse et gaiement attache un mouchoir, dispose un rideau, drape un schal; elle devine quand je la regarde, avec la même fidélité qu'elle se retourne lorsque je lui parle.

« Avant-hier le vieillard s'est penché sur mon lit et m'a dit : « Horace, ordonne qu'elle se couche et qu'elle dorme, voici vingt jours qu'elle n'a pas dormi!...» Le vieillard pleurait. Elle a consenti à prendre du repos, en voyant le mal produit sur moi par cette confidence.

« Ce matin, j'ai entendu les sons les plus doux, le chant le plus pur, présider à mon réveil. Wann était penchée sur une harpe et me regardait en chantant. Cette délicieuse musique m'a versé un baume dans l'âme. La raison, le courage, sont revenus.

« Je me suis levé, elle m'a prêté son bras, m'a conduit, aidée par le vieillard, sur un banc de gazon, dessous un peuplier. Vois-tu ce tableau? le soleil était brillant, le ciel sans nuages, l'aspect de la nature séduisant; ah, qu'elle m'a paru belle! avec quel bonheur je l'ai saluée! Wann me pressait la main, je l'appelais du doux nom de mère, et... elle pleurait!..

« Oh! si tu pouvais la voir me mesurer la nourriture et me la faire prendre! Sa fatigue cesse, elle revient à la santé avec moi, nous croissons ensemble. Elle semble vivre tout-à-fait de ma vie, respirer de mon souffle. Dans tout le village on l'a nommée l'*Ange!* Wann a quelque chose d'imposant qui la fait respecter partout. Elle a cet attrait et cet empire qui partout arrêtent un mot sur les lèvres, un geste, un regard... elle est reine! Non, mon cher Salve, tu ne connaîtras jamais Wann, car tu ne l'as pas vue dans l'asile de la souffrance, tu ne l'as pas vue sur son trône de gloire, répandant toutes les richesses de sa présence et de son esprit dans une humble cabane... Ma tête se fatigue, j'ai fait écrire cette lettre pendant son sommeil, elle m'aurait empêché de la dicter; c'est mon second médecin, il faut obéir quand elle ordonne. Toutes ses facultés sont tendues vers un seul but qu'elle poursuit avec une opiniâtreté extraordinaire; elle a voulu ma santé comme elle veut mon bonheur, comme elle veut mon amour!... »

Adieu, cher Salve, sois tranquille, et envoie-moi, je te prie, une assez forte somme; j'ai une horrible peur, tout ce qui s'est fait ici serait-il aux frais de sir Wann? Grand Dieu! quarante livres sterling de rente!... le capital en serait bien attaqué. Je pense au moyen de leur constituer mille écus de rente sans qu'ils puissent me refuser. Adieu, écris-moi, car on proclame sourdement que la paix va se conclure et je voudrais savoir la vérité.

« Mademoiselle, à cette époque je fus ramené à Paris, où je restai six mois à recouvrer la santé. Mais laissez-moi ensevelir dans le fond de mon âme le souvenir de ces jours de bonheur, et reportons-nous brusquement à la fin de cette désastreuse campagne de 1813 : alors j'étais en Espagne, et la correspondance qui suit vous peindra fidèlement tous mes malheurs.

IVe *lettre d'Annibal Salvati à Horace Landon.*

« Notre vieil ami est bien dangereusement malade : tous les malheurs, comme tu vois, nous accablent à la fois : la France n'est pas encore menacée, mais encore un peu l'Empire ne sera plus vierge d'invasion. Tu dois rester à ton poste, il est périlleux ; je tâcherai de te remplacer, mais je ne saurais te cacher qu'il n'y a plus guère d'espérance. Wann-Chlore est au désespoir. Oh! je l'ai vue combattant le mal, comme tu me le souhaitais!... Adieu, sa lettre t'en dira plus que la mienne. »

Lettre de sir Wann à Landon.

« Mon fils, je suis aux portes de la tombe, et quand vous recevrez cette lettre, vous pourrez à juste titre la nommer un testament; alors, ce sera du fond de mon cercueil que j'élèverai la voix. Landon, à la première visite que tu me fis, j'aperçus facilement que je n'en étais pas l'objet. Ma fille chérie te plut, tu l'aimas, elle t'adore. Je te la lègue, prends soin de son bonheur: c'est cette voix qui te fut si connue, qui te parle et te fiance à une âme digne de la tienne,

Après de cruelles inquiétudes sur le sort de ma fille, je la rattache dans la vie à un être bon, grand, généreux... ma tâche est remplie; je meurs comme j'ai vécu, sans regret, sans envie, les yeux tournés sur votre heureux couple; ne te vois-je pas à mon chevet? Adieu, où que j'aille, je serai bien reçu, j'espère; et, songez que mon ombre vous accompagnera sans cesse. Adieu donc, toi, le protecteur de ma chère Wann-Chlore!.. »

V^e lettre d'Annibal Salvati à Horace Landon.

« Ton digne ami n'est plus! Il souffrait déjà depuis long-temps lorsqu'il prit le parti de se mettre au lit. J'ai vu Chlora, sans cesse à ses côtés, suivre avec une douleur croissante, les progrès du mal, c'est tout te dire en un mot.

« Attentifs également, ne quittant jamais des yeux le lit chéri dans lequel reposait le juste, marchant légèrement pour éviter le bruit, veillant ensemble, nous comprenant d'un regard, nous entendant comme une seule âme pour tout ce qui pouvait être soulagement et bien-être au malade; nous ressemblions à deux anges gardiens chargés d'adoucir les derniers momens d'un prophète.

« Il n'a pas laissé échapper une seule plainte; son visage a toujours respiré une résignation sublime; et il a conservé jusqu'au dernier moment ce léger sourire qui disait tant à l'âme. Souvent, la nuit, quand à la lueur tremblante de la lampe nous le regardions dormir en nous parlant du geste et des yeux, je l'ai vu soulever sa paupière pesante pour jeter un coup d'œil d'inquiétude sur sa fille adoptive.

« Hier au soir, nous étions assis à son chevet, le silence régnait. Depuis le matin toutes les facultés du vieillard s'étaient insensiblement affaiblies; et, le visage penché sur lui, nous écoutions avec horreur le souffle saccadé de ce cher être de bonté, craignant que chaque suspension trop longue n'eût annoncé son dernier soupir. La lampe jetait une lueur pâle qui donnait au visage de sir Wann cette couleur livide, triste présage!... Tout à coup le vieillard releva lentement sa paupière par un dernier effort, et nous montra l'œil éteint de la mort, cet œil sans idées et sans couleur. Nous avons frémi, comme si nous n'eussions plus vu que l'ombre de celui qui naguère nous jetait de si tendres sourires.

« Chlora, dit-il d'une voix qui s'éteignait, ma fille, je suis ton père!.. Quoique la force de ton âme me fût bien connue, j'ai gardé ce pesant secret sur mon cœur, craignant de te faire rougir. Je l'ose maintenant qu'un autre *moi* te reste... J'aurais désiré vous voir... mais l'heure de l'éternité sonne pour moi!...

« Il s'arrêta, lui jeta un dernier regard de tendresse et de regret, son œil s'arrêta sur cette dernière expression et un souffle plus fort que tous les autres s'échappa sans qu'il pût le renouveler. Terrifiés, nous

nous sommes regardés en croyant que le cœur allait reprendre son mouvement; mais, au milieu du silence, nous n'avons entendu que les pulsations précipitées de nos cœurs. Bientôt la blancheur de la mort et l'aspect céleste que le visage respire en ce moment suprême sont venus nous détromper, nous sommes tombés ensemble à genoux, et nous tenant par la main, nos âmes ont accompagné un instant celle du juste qui franchissait alors les frontières du monde.

« L'aube nous a surpris à genoux!... Oh! je ne veux plus voir Wann-Chlore!.. et cependant dans l'horrible crise où elle se trouve, je suis forcé de te remplacer. Elle n'a pas encore versé une larme, et ne sent encore son malheur qu'en masse. Quels soins ne faut-il pas lui prodiguer : je vais lui tenir compagnie chaque jour, ne plus la quitter, mais par quels secrets lui cacherais-je le vide affreux qu'elle va sentir ? Elle entendra les accens d'une voix qui ne lui dit rien, recevra les soins d'un être sans charme pour elle !.. Adieu ! »

VIe lettre d'Annibal Salvati à Horace Landon.

« Wann-Chlore est mieux, elle a pleuré. Elle a daigné m'écouter et prendre quelque nourriture. Quel spectacle ! je donnerais volontiers ma vie pour adoucir sa peine.....

« Aventure extraordinaire, mon cher Orazi, le sir Wann d'Italie était à Paris, cherchant son frère, et l'annonce du décès de sir Wann dans les journaux lui a fait découvrir la demeure de Wann-Chlore. Il est arrivé hier; sa présence la prive tout à coup de la faible succession de son père. Heureusement tes mille écus de rente sont constitués de manière à rester à la pauvre enfant. Par ma première lettre je te donnerai des renseignemens sur nos hôtes nouveaux, car sir Georges Wann a une fille.

. . . .

VIIe *lettre d'Annibal à Horace.*

« Maintenant, Orazi, miss Wann-Chlore est sauvée, mais long-temps encore la plaie sera vive dans son âme. L'image de son père est comme une ombre qui l'accompagne sans cesse; et, pour comble de douleur, elle vit au milieu d'une foule d'objets, qui tous parlent du vieillard. Cependant miss Cécile, la fille de sir Georges, lui a plu, et cette amitié naissante jette un voile sur la souffrance de son âme.

« Rien n'est plus original que le contraste produit par la réunion de ces trois êtres. Sir Georges Wann est un homme de cinq pieds huit pouces, il est maigre, sec, nerveux. Son visage est sévère, il garde une imperturbable gravité, et même quand il regarde sa fille, ses traits conservent leur rigidité habituelle. Ses habits noirs ont quelque chose d'antique et de patriarchal, il a des cheveux gris, porte un chapeau à larges bords rabattus, semblable à ceux des rabbins, sort rarement, parle plus rarement encore, tutoie tout le monde, et quatre fois par jour lit la Bible avec sa fille; c'est un puritain renforcé, digne du temps de Cromwel.

« Miss Cécile est une jeune fille presqu'aussi grande que son père, elle est svelte, élancée; et, comme Wann-Chloré, quand elle marche, on dirait d'un jeune peuplier balancé par les vents, tant ses mouvemens sont gracieux et souples. Sa figure brune est laide au premier aspect, mais on y reconnaît bientôt une grande originalité, et ses yeux bleus ont je ne sais quoi de sauvage et de fier. Elle porte toujours, par l'ordre de son père, une robe noire à grands plis qui ressemble assez à celles des sœurs grises et qui monte jusqu'à son col. Sir Georges Wann permet à peine à sa fille de laisser voir sa taille par une ceinture; car l'ornement le plus simple lui est strictement défendu; ses cheveux sont toujours exactement partagés en deux cercles égaux au-dessus d'un front éclatant, elle n'a même pas le droit de friser des cheveux châtains qui cachent son cou sous de grosses boucles brunes. En vain le vieux puritain cherche-t-il à retenir dans les tristes voies du puritanisme cette fille de l'Italie, le naturel triomphe: elle tremble bien devant son père, le seul son de sa voix la fait pâlir; aussi, sans examiner la raison ou son goût, elle lui obéit avec la servilité d'un muet du sérail; elle garde auprès de sir Wann une morne contenance; et, baissant les yeux, ne hasardant pas un mot, elle reste passive comme une statue : a-t-elle franchi le seuil de la porte et se trouve-t-elle avec Wann-Chlore, c'est une gaieté folle, une pétulance d'écolier, une exaltation, un amour pour la parure, une amabilité, un feu... la fierté de ses yeux a disparu, elle est charmante!

« L'autre jour Chlora lui avait donné une boucle d'acier bronzé pour mettre à sa ceinture, elle s'en para joyeusement et folâtra comme un papillon, tant elle était heureuse de ce présent. Arrivée au salon, sir Georges aperçut cet ornement, et, regardant tour à tour sa fille et la ceinture: «Cécile!» a-t-il dit; et la pauvre enfant rendit la boucle avec une froide impassibilité qui m'étonna.

« Tu peux facilement imaginer la

souffrance d'une âme comme celle de Chlora, en présence d'un caractère semblable ; c'est l'eau et le feu, l'exaltation du génie et la froideur du cloître.

« Avez-vous été jeune ? demandait hier Chlora à sir Georges. — J'ai toujours été tranquille. — Avez-vous eu des amis ? — Ils sont morts. — Aviez-vous du plaisir à les voir ? — D'abord, mais je m'y suis accoutumé. — Avez-vous aimé ? ». Sir Wann la regarda avec une telle insensibilité qu'elle s'arrêta. « Vous ne prenez donc pas de plaisir à voir les belles créations des arts, à ressentir les émotions d'une musique délicieuse, à contempler un beau tableau ? — L'admiration pour les ouvrages des hommes me fatigue ; mais Dieu, jamais ! —

Etes-vous heureux? » Il revint à sa première réponse. « Je suis tranquille !
— Mais votre fille, a dit Wann-Chlore, vous attache à la vie ? » Il tourna lentement les yeux sur Cécile et la regarda avec plaisir, mais sans passion. « Connaissez-vous la douleur? lui dit encore Chlora. — J'ai obtenir la paix! » et il prit sa bible. C'est un stoïcien sans grâce, sans cette grandeur qui, jadis, leur donnait de l'héroïsme.

« Je ne crois pas que Wann-Chlore reste long-temps en présence de cette statue de glace. Elle a pris Cécile en amitié, et cette pauvre jeune fille adore Chlora; n'est-ce pas la première créature dont le cœur lui ait été ouvert; elle s'y réfugie comme dans un asile. . . . .

VIIIe *lettre d'Annibal à Horace.*

« Suis-je ton ami, ne le suis-je pas? Oserais-je d'une main hardie te réveiller au bord du précipice où tu dors; ou, restant sur le seuil de mon asile, te verrais-je foudroyer rapidement et mourir d'un coup? Je sais que tu me donneras à tous les diables; mais je veille sur ton amour comme un chien sur le trésor de son maître, et j'aboie parce que j'entends du bruit : ceci est brusque, mais tu me connais, je ne cherche pas l'éloquence en parlant à des hommes.

« La figure de Wann-Chlore est une de celles sur lesquelles le moindre trouble de l'âme apparaît, comme lorsque le zéphyr ride la surface d'une eau limpide. Depuis trois jours cette belle physionomie, jadis empreinte d'un sentiment immortel, a changé. Wann-Chlore est distraite, rêveuse; elle commence des phrases sans les achever, parce qu'elle pense à je ne sais quoi de terrible : ses yeux n'ont-ils pas quelque chose d'effrayé, de sombre? elle pleure quelquefois; elle tressaille au moindre bruit; elle ne parle plus de son père; elle ne parle plus de toi; elle ne me voit pas encore avec peine; elle sent que ce serait donner trop de soupçon, mais elle m'accueille avec un plaisir sans franchise : il est joué. Elle lutte, et lutte peut-être avec courage contre un fantôme qui semble lui apparaître à tous momens. Cécile et Wann ont des conférences ensemble, et souvent elles se font des signes qui n'échappent point à mon œil. Que te dirai-je? ces indices sont aussi légers que l'ombre projetée par une figure quand la lune se lève ; je les aperçois, mais je n'en rends pas la force cachée. L'accent d'un mot, l'insouciance d'un regard ne se décrivent pas.

« L'autre jour je l'ai vue, à son insu, se promener; elle était parée; elle, qui pendant ton absence traîne de longs habits de deuil! Elle est bien en deuil; mais la femme a un art merveilleux pour glisser la joie dans un cortége de douleur, et les crêpes de la douleur dans un habit de fête.

« Hier, miss Cécile voyant ton portrait, en parut enthousiasmée. « Si vous connaissiez l'original, ai-je dit, vous sauriez que nul pinceau ne rendra les élans de son âme. » « C'est vrai ! » a répondu Wann-Chlore. La froideur de son accent ira-t-elle glacer ton oreille en Espagne ?

Le soupçon s'est furtivement glissé dans mon âme, mais rien ne le justifie. Je suis effrayé de la peine qui s'élèvera dans ton cœur en lisant cette lettre : mais que veux-tu ? je t'aime. Attends encore ma prochaine dépêche avant de te désespérer et crois que je suis abusé par quelque vain fantôme............

IXe *lettre.*

Non, non, elle est pure comme un beau ciel, comme la neige de mes Alpes chéries ; elle est toute céleste ! Je l'ai tourmentée, gênée, épiée, et l'enfant qui lève ses mains timides vers les cieux au moment où la raison commence à poindre dans son âme n'est pas plus candide. Je m'abaisse devant elle! Sois heureux, Horace. . . . .

« Cependant, je suis bien certain que ces deux jeunes filles-là me cachent un secret. Est-ce une plaisanterie? oui, car Wann-Chlore et miss Cécile sont depuis quelque temps d'une gaieté folle. N'aimes-tu pas la gaieté? Elles jouent comme des enfans et méditent quelque espiéglerie, car les entretiens dont on me bannit avec un joyeux mystère sont fréquens, et je ne crois pas que ces deux jeunes filles soient assez perfides pour couvrir une trahison sous les riantes joies d'un commerce aussi naïf; voilà ce que je me répète. Eh bien, ce secret me tourmente. . . . .

Xe *lettre.*

Situation terrible! Mon amitié est telle que j'éprouve les angoisses qui te saisiraient si, présent, tu étais spectateur de cette scène ; elle est changeante comme les visages de ces deux jeunes filles. Je vis au sein d'un orage, les nuages s'amoncèlent et disparaissent soudain; je suis balancé dans un flux et reflux d'espérances, de chagrins, de soupçons qui m'assassinent. Hier au soir, la terreur s'est glissée dans mon âme et tu vas trembler comme moi, écoute : Hier, miss Wann-Chlore s'est trouvée très-fatiguée ; aussitôt Cécile s'est levée et lui a proposé de se retirer dans leur appartement. Alors le vieux puritain a jeté sur sa fille un regard terrible;

heureusement elle ne l'a pas vu, elle se serait évanouie de frayeur.

« Sir Wann, lui ai-je dit, votre religion défendrait-elle aux jeunes filles d'être indisposées?—Non, frère, a-t-il répondu.— Et pourquoi avez-vous regardé miss Wann avec tant de colère? —Parce que, répliqua-t-il, je la vois en danger ici : Chlora est une fille de Baal, une impure, ses talens le prouvent assez. Elle est mondaine, tout me fait croire qu'elle préfère sur cette terre un homme à Dieu. — Certes, lui répondis-je. » Le vieux puritain m'a contemplé avec terreur. « Comment voulez-vous donc que l'on vive ici-bas?— On y est en passage et nous ne devons penser qu'à l'heureuse vie de l'éternité! — Bien, lui dis-je; mais votre fille prouve que vous vous êtes marié; pourquoi voudriez-vous empêcher que ces jeunes filles se mariassent?... — Qu'elles se marient, dit-il, mais qu'elles n'aient pas d'amans, et qu'elles ne se chargent pas d'or et de bijoux, pures inventions du démon!

— Eh! repris-je, quand voyez-vous des amans ici?

— Il en vient, dit-il d'un ton grave; (à cette parole je frissonnai de rage) la femme qui veut se parer et qui se pare ne cherche pas seulement sa propre satisfaction; tu le sais, frère, il y a dans l'Écriture : « *Je me suis levée pour aller ouvrir à mon amant chéri... mes mains avaient répandu les parfums en rosée. (Surrexi ut aperirem dilecto meo... manus meæ stillaverunt myrrham et digiti mei pleni.*)

« Entends-tu, Horace, *il vient des amans !...* A ces mots, les réflexions que tu fais peut-être en lisant ma lettre sont venues en foule à mon esprit. Cette parole ne me concernait-elle pas ? le vieillard pouvait se tromper, entraîné par une défiance aveugle ; Wann-Chlore t'a donné tant de preuves d'un amour éternel, qu'elle ne saurait être soupçonnée ; enfin cet amant ne serait-il pas plutôt celui de Cécile ?...

« J'ai embrassé cette idée avec une espèce de fureur. Je suis revenu plus souvent et à des heures différentes chez Wann-Chlore, espérant recueillir quelques indices qui confirmassent mes nouveaux soupçons. Cécile, mon pauvre Horace, est l'innocence même ; et où aurait-elle trouvé un amant? Elle est à Paris depuis trois mois, n'est pas sortie dix fois, et quand elle sort, son père l'accompagne et regarde autour de lui en marchant, comme un dragon qui veille sur un trésor. Je me suis repenti de l'avoir accusée; mais alors, quelle chute! Ne faut-il pas que mes soupçons retombent sur Wann-Chlore, sur Wann-Chlore!... C'est tout dire.

« Maintenant j'ai l'âme assiégée par tous les exemples de légèreté donnés par les femmes. Les histoires les plus fabuleuses, mais toujours assises sur ce principe vrai, que la femme est une créature changeante, viennent tour à tour me dérouler leurs annales, et je frémis! N'ai-je pas toujours contemplé Wann-Chlore comme un de ces êtres chez lesquels la beauté parfaite n'exclut pas cette énergique ténacité de l'homme? ne t'ai-je pas dit un jour qu'elle avait l'âme d'un grand homme? Adieu.

Fragment d'une autre lettre d'Annibal à Horace.

Je songe, mon cher Orazi, que tu dois avoir entre tes mains les preuves les plus certaines de la fidélité ou de la trahison de Wann-Chore. Ne t'écrit-elle pas? ne reçois-tu pas chaque fois de nouveaux portraits de son âme? Est-elle fille à pouvoir dissimuler un sacrilége amour? Et si je suis témoin de l'inquiétude de ses yeux en ma présence, si j'entends ses discours pleins de trouble, si je la vois s'efforcer de paraître toujours la même, ne lis-tu pas, toi, au fond de son âme? Tu peux comparer les lettres d'aujourd'hui avec celles d'hier. Quels que soient nos efforts, les pensées percent dans nos écrits!... C'en est fait! mes souffrances sont horribles, le sommeil m'a fui, tu me connais, Horace, tu sais si je suis fier, hautain, si jamais l'idée d'une bassesse a pu souiller mon âme; eh bien, je vais descendre jusqu'à l'abjecte profession de l'espion... Je vais sourdement épier les actions d'une créature toute céleste!... Je vais... ah, Horace! que la sainte amitié a des devoirs affreux! ne nous ordonne-t-elle pas d'achever l'ami qui, sur le champ de bataille, tarde à expirer, atteint d'une mortelle blessure..?

XIIe *Lettre d'Annibal à Horace.*

. . . .

Hier, sir Georges Wann lisait, à haute voix, l'évangile de la femme adultère. « Vous voyez, lui dis-je quand il eut fini, que Jésus pardonnait aux filles de Baal, et votre devoir est tout tracé. » Les deux jeunes miss m'ont regardé avec effroi, et Wann-Chlore a *rougi*: tu sais ce qu'annonce cette terrible rougeur? « Mon devoir, dit le vieux puritain avec une tranquillité vraiment horrible, je le connais! ma fille n'aura jamais besoin du pardon du Sauveur: elle ne ferait qu'une faute, moi vivant!... » A cette phrase prononcée d'un ton dogmatique, Wann-Chlore s'est appuyée sur Cécile et elles sont sorties. Cécile soutenait sa cousine presqu'évanouie...

Dernière lettre d'Annibal à Horace.

SUSCRIPTION.

« Tu auras sans doute été surpris de mon silence, mais j'ai pris le parti de faire une espèce de journal et je te l'envoie. Je n'ai pas la force de t'en dire davantage.

Octobre 1813.

« Mon pauvre Horace, je marche de lumière en lumière, de douleur en douleur. Tu as du courage, je t'écrirai la vérité.

« Tu sais qu'au-dessus de l'appartement de Wann-Chlore, il existe une longue mansarde dépendant de son logement; jusqu'ici elle était inhabitée. Hier seulement j'ai aperçu, je ne sais quel air de nouveauté aux fenêtres de ce grenier. Le lendemain, je suis revenu, je suis monté, comme par mégarde, jusqu'à cette mansarde et je n'ai pas eu honte de regarder à travers la serrure. Horace tout est fini, je le crains bien!.. Tu n'es plus aimé d'amour?

« La magnificence du peu de meubles que j'ai pu voir m'a stupéfié. J'ai pris le soir même, en sortant, l'empreinte de la serrure et j'ai le lendemain trouvé un homme habile qui m'a promis une clef.

Du 17.

« J'ai la clef, je cours à la place Royale, j'arrive, et je monte à cette fatale mansarde! J'en reviens sans avoir vu Wann-Chlore. Ah! mon pauvre Horace, je tremble encore de rage!

« Quel est le démon, la fée ?... Non, c'est l'amour avec tous ses enchantemens qui a présidé à la création de ce voluptueux palais!... Mais quel prince a semé l'or à pleines mains, et, nouveau Jupiter, a franchi secrètement les murs d'airain d'une Danaé nouvelle. Par quelle magie a-t-on dérobé à mes vigilans regards les ouvriers, les meubles fastueux, et le luxe effréné de cette amoureuse retraite?

« On a distribué cet ignoble grenier

en trois vastes salons et les lignes disgracieuses qui les couronnent sont cachées sous la soie qui tourne, qui se roule, qui fuit, qui se nuance, qui se cache, qui reparaît semblable au jour parmi les arceaux d'une cathédrale. Mes pieds ont partout foulé le tapis le plus somptueux; et, dans les angles rentrans, des tableaux m'ont offert leurs magiques couleurs, leurs suaves figures semblables à celles qui paraissent comme des étoiles parmi les nuages, dans le tableau d'Ossian. Tantôt un vase magnifique, tantôt une statue, tantôt la porcelaine des souverains, mais partout des fleurs fraîches écloses, charment vos regards, flattent vos sens, et l'œil, le toucher, l'odorat marchent de fête en fête. Mais je ne te parlerai que de la chambre à coucher : la Volupté a savamment bâti ce temple des plaisirs. Les vitres des fenêtres sont en verre dépoli ; les toits sont voilés sous les rouleaux d'une mousseline éblouissante que terminent de larges bandeaux de soie bleue ; le tapis est à fond blanc, semé de fleurs bleues ; tout est en harmonie avec cette délicatesse d'ameublement : le lit est de forme antique et drapé avec une élégance voluptueuse ; il était en désordre, tel que peut le laisser l'amour. Au milieu de cette chambre une coquille d'agathe sert de lampe ; auprès du lit était une paire de pistolets ; sur un riche divan, j'ai vu les habits d'un jeune homme : ils paraissaient y avoir été jetés à la hâte. Je suis promptement sorti, le cœur bouillonnant. Que d'idées se sont élevées dans mon âme comme un tourbillon dans un orage : la richesse du séducteur, l'élégance de ses manières; la volupté de son âme, trahie par les recherches de ce lieu de délices; la faiblesse de la femme assiégée par toutes les vanités humaines; le jeune homme était sans doute noble, beau, courageux : Wann-Chlore succombant, etc., etc.

« Il est impossible, me disais-je, que le vieux portier ne sac... rien sur le nouvel habitant de cette maison. Je rentrai brusquement dans sa loge et lui dis : « Vous avez un nouveau locataire dans la maison ? — Non, monsieur, m'a-t-il répondu. — Vous badinez, je suis entré dans son appartement et je l'ai vu. — Ah! si monsieur le connaît, c'est différent! a-t-il répondu. — Mais, lui ai-je demandé, quel est-il?

« A cette question, imprudemment lâchée, il m'a regardé de cet air inquisiteur que tu dois connaître et s'est enveloppé dans un profond silence. J'ai tenté de le séduire, il a repoussé l'or; rien n'a pu le fléchir. Ainsi, toutes les précautions sont habilement prises et l'inconnu n'est pas un étourdi : mais cet homme-là sort, marche, vient, entre... Je découvrirai ce mystère.... Je tuerai ton rival... ma tête est en feu. Une fruitière demeure dans la maison voisine, j'ai voulu la séduire, j'ai réussi; elle vient de m'apprendre que le vieux portier a marié dernièrement sa fille unique en lui donnant dix mille fr. de dot.... Dix mille fr.!... payer si cher la langue d'un portier! La lumière cachée sera terrible, elle occasionera un incendie; je te vengerai!.. Ah! les fleurs ne doivent pas se jouer aux orages......

Mardi, 20.

Aujourd'hui j'apprends que l'habitant de ce palais est un jeune homme. Je me suis mis en sentinelle pour le guetter: mon espion m'a dit qu'il sortait bien rarement, et toujours si lestement, de si grand matin, qu'il était presque impossible d'être témoin de ses pas. Ce n'est point un sylphe, et mes yeux le verront, je l'ai juré! Je ne m'occupe plus ni de Wann, ni de Cécile, ni du Puritain, je suis sur la trace de ton rival, comme le lion cherchant une proie!...

Mercredi, 29.

Je l'ai vu rentrer; il était onze heures et demie; une voiture l'a jeté au coin du boulevard Saint-Antoine : c'est un grand jeune homme; l'obscurité ne m'a pas permis de distinguer sa figure. A demain, je serai sur le boulevard à cinq heures du matin.

Jeudi soir.

Horace, j'étais ce matin sur le boulevard vers quatre heures et demie : à cinq heures une brillante voiture, attelée de deux chevaux anglais, est venue s'arrêter près de la mienne; des gouttes de sueur inondaient mon front; et, malgré le froid, je courais de la place Royale au boulevard, du boulevard à la porte de Wann-Chlore avec une sourde fureur. Je n'ai pas attendu long-temps ; un jeune homme de vingt-cinq ans environ est sorti de la maison ; il était vêtu très-simplement : il m'a regardé d'un air inquiet ; car je l'examinais avec une sombre curiosité. Il est blond, ses cheveux se bouclent naturellement ; il a l'air bon, mais fier ; son visage a je ne sais quoi de distingué, il est noble et gracieux, et ses yeux bleus sont aussi tendres que tes yeux noirs sont perçans ; sa figure a tout le caractère de la physionomie anglaise... Oh! s'il peut être anglais, me disais-je, malheur à lui ! en deux heures je puis le faire emprisonner !...

« Il est monté dans sa voiture et moi dans la mienne. Après mille détours par lesquels, il semblait vouloir se dérober à ma poursuite, il est arrivé à l'hôtel de l'ambassadeur de Naples. Le soir même je suis allé à l'ambassade. On y donnait un bal, j'ai vu mon étranger : j'ai demandé à madame de B... le nom de ce jeune inconnu; elle s'est défendue de répondre pendant environ une demi-heure; mais j'ai fini par lui déclarer, au nom de R..., que je prenais ces renseignemens dans l'intérêt même du jeune homme, qui courait des dangers. « Annibal, m'a-t-elle dit, je me confie à votre honneur, et en vous disant le nom de l'étranger, vous le protégerez : jurez-le-moi ? Impatient de tout apprendre, je l'ai juré, Horace! Le jeune homme reconnaissant en moi son espion du matin et voyant la familiarité qui régnait entre la duchesse et moi, ne pouvait pas déguiser le trouble affreux auquel il était en proie. Lui parlait-on, il ne répondait pas; forcé de danser, il jetait sur moi d'impatiens regards...

« C'est, me dit madame de B..., le fils de lord C..., le ministre anglais ! » A ce nom tu sens quelle fut ma surprise et tu vois quel abîme!.. Ton rival est donc un compatriote, le fils d'un homme qui, dans le pays de Wann-Chlore est presque roi, il en a tout le pouvoir sans l'éclat; ce jeune homme s'est donc présenté dans toute la splendeur de la jeunesse et de la beauté à la jeunesse et à la beauté même ; il est venu entouré du séduisant cortége des souvenirs de la patrie; il est apparu à Wann-Chlore comme la Patrie elle-même ; il a parlé! il a parlé le délicieux langage qui charme une Irlandaise... Enfin, il est, j'ose le dire, mieux que toi!..

« Le père est immensément riche, mais la fortune du fils est indépendante, sa mère est morte en lui laissant trente mille livres sterling de rente (1). J'ai su tous ces détails de madame de B..., et j'ai découvert le motif de l'intérêt qu'elle prend à lui : n'a-t-elle pas une fille à marier? Aussi, elle m'a ajouté que le jeune homme était retenu ici *pour une affaire amoureuse.* « Or, dit-elle, je suis certaine que cet amour n'ira pas loin, parce que le père a déjà refusé une fois son consentement, en annonçant à son fils qu'il le déshériterait s'il

---

(1) Près de huit cent mille francs, argent de France.

épousait cette petite pécore-là. — La connaissez-vous ? lui ai-je dit. — Non, mais je sais qu'elle est Anglaise !... m'a-t-elle répondu.

« Voilà où j'en suis, Horace : crois-tu qu'il y ait de l'espoir ? et que faire ?..

Mardi.

Mes recherches sont vaines, il m'est impossible de découvrir quand et comment sir Charles C... est parvenu à voir Wann-Chlore; cette intrigue diabolique restera toujours dans les ténèbres, au sein desquelles elle a pris naissance.

1ᵉʳ novembre.

« C'en est fait ! mon cher Horace, tu es trahi. Je compte sur une fermeté peu commune en te traçant cet horrible arrêt. Mais tu t'envelopperas dans une froide résignation, je te connais, ami! J'ai long-temps reculé devant l'affreuse vérité, maintenant la lumière m'aveugle à force de clarté. Un amour de six années n'était-il pas toujours là, plaidant la cause de Wann-Chlore? Enfin tout est rompu, un autre a su lui plaire. Une grande âme comme la tienne doit accepter l'amitié de Wann, l'aimer de l'âme ; et, sans dédaigner comme sans regretter les divines jouissances d'un amour partagé, montrer que tout n'existait pas dans l'union qui formait ton doux espoir. Je ne suis pas assez insensible pour exiger de toi cette fermeté stoïque qui bannit toute douleur; non, non, la perte de Wann encore vivante mérite, je ne dirai pas des larmes, nous autres hommes nous n'en devons répandre que de joie, mais le même désespoir que si elle venait à périr. Ton amour s'ensevelira dans une douce amitié. Au moment où tu liras ces lignes, songe qu'il est au monde un être qui partage et sent ta douleur; maintenant rassemble tout ton courage :

« Après avoir recueilli les renseignemens que me donna madame de B...., chez l'ambassadeur de Naples, j'ai avidement cherché les moyens d'éclaircir mes soupçons. Je suis allé voir Wann-Chlore; cette perfide créature est toujours tendre, affectueuse... elle a les dehors de la vertu la plus pure, j'en ai frémi pour l'humanité; cependant elle est changée, elle est en proie à des souffrances dont elle s'efforçait de dérober la violence et la cause à mes regards. Horace! Horace!... Du reste, la scène était la même, rien n'annonçait le trouble et le désordre des passions dans cette tranquille retraite. Le vieux puritain semble cependant vouloir retourner en Italie avec sa fille, car les affaires de la succession du pauvre Wann n'ont pas été difficiles à régler; et, comme sir Georges Wann frémit à chaque instant des dangers que court sa fille, en vivant dans l'amitié d'une fille aussi mondaine que Wann-Chlore, son départ me paraît certain.

« Tu sais qu'il existe à l'autre coin de la place une maison de laquelle il est facile de voir ce qui se passe chez Wann-Chlore; les appartemens se trouvant tous sur la même ligne et de pareille hauteur à la place Royale : je résolus alors de me tenir en sentinelle dans un appartement de la maison voisine, pendant tout le temps nécessaire à acquérir les tristes preuves de l'amour de Wann-Chlore pour le fils de lord C....

« Le lendemain même j'allai séduire à prix d'or le portier de cette maison et il me laissa la liberté de m'établir dans le grenier; où, muni d'une longue-vue et tapi dans un endroit propice à mon espionnage, je restai toute la journée et toute la nuit. A une heure du matin environ, je vis briller une lumière dans l'appartement de miss Wann-Chlore, et, à travers les rideaux, j'aperçus distinctement les ombres de trois personnes. Je reconnus facilement le jeune homme, dont un instant auparavant j'avais entendu la voiture s'arrêter au coin de la rue de Turenne ; il riait et folâtrait avec miss Chlora. La nuit, les rideaux, tout conspirait contre moi, je ne pus voir que ces ombres sinistres qui voltigeaient. Tantôt dans le silence de la nuit j'entendais quelques sourds accens de cette harpe divine ; tantôt l'ombre d'une jeune fille dans les bras de sir C..... se projetait sur cette mousseline accusatrice et je frissonnais... Enfin ils ne tardèrent pas à disparaître, la chambre rentra dans une obscurité profonde, et soudain la lumière illumina successivement les différentes croisées de la voluptueuse mansarde ; de leur chambre à coucher les jets éclatans d'une lumière abondante s'élancèrent comme les feux de l'aurore. Les ombres recommencèrent à se jouer, semblables aux reflets d'une eau agitée; et, bientôt miss Cécile, rentrant dans son appartement, ouvrit sa croisée; et, comme si l'aspect de ce bonheur l'eût trop agitée, qu'elle eût besoin de la vue d'un ciel étoilé pour se consoler de sa solitude, elle resta plongée dans la rêverie, contemplant les nuages fuir avec rapidité à travers les flambeaux de la nuit. Alors mon dernier espoir s'éteignit avec la lumière infernale de *leur chambre*. Cette lueur vacillante qui erra d'appartement en appartement, éclairant les jeux des deux amans, était une sorte de torche incendiaire. Ton bonheur s'est évanoui comme une fumée.

J'ai été saisi de je ne sais quel froid qui m'a glacé jusque dans les cheveux.

« Ami, voici le dernier coup : après avoir acquis mille preuves de l'amour de Wann-Chlore pour le jeune C..... j'ai découvert qu'elle était *grosse !*... sa grossesse est très-avancée... Horace, que fait une tête de plus dans ton régiment ? cherche un prétexte, viens, accours, tombe comme la foudre, prends toi-même la vengeance à la main. J'irai au-devant de toi aussitôt que tu seras en France, car tu ne manqueras pas, j'espère, à m'écrire un mot, adieu !

—

« Hélas ! Eugénie, vous auriez un tableau bien imparfait de cette catastrophe, si je gardais le silence sur la situation dans laquelle je me trouvais lorsque cette dernière lettre m'apporta ses poisons et les feux de l'enfer.

« Les Français étaient séparés les uns des autres en Espagne; et, semblables à des citadelles semées dans une contrée, ces restes de nos armées se défendaient au milieu d'un pays où les murs, les arbres, les fontaines, recelaient des ennemis. Accablé par le climat, par les longues marches, par tous les soins qu'exigeaient notre subsistance précaire et notre sûreté menacée, je portais déjà un cruel fardeau, alors cet orage affreux s'éleva dans mon cœur!

« Jusque-là les terreurs d'Annibal n'avaient point encore attaqué mon amour; je dormais tranquille, me confiant au sourire de Wann-Chlore;

hélas ! mademoiselle, ses lettres changèrent insensiblement : à ces chères expressions d'un immortel amour, qui me ravissaient, succédèrent lentement des expressions encore tendres, mais dénuées de cette exaltation qui est la vie du cœur. Je ne m'en aperçus pas ; car nous n'étions point de ces amans dont la flamme est dévorante parce qu'elle dure un jour. Bientôt son style eut de la tiédeur ; puis il perdit cette chaleur dont l'amour est le principe. Enfin ses lettres devinrent froides par des teintes aussi imperceptibles que les dégradations de la lumière au coucher du soleil : alors les avis de Salyati prirent un air de vérité, alors s'élevèrent en mon âme d'horribles soupçons qui venaient mourir à mon cœur; des doutes cruels, démentis par ma conscience; des craintes dissipées par une voix secrète aussitôt qu'exprimées par mon esprit : l'image de Wann-Chlore planait comme un soleil et ces nuages fuyaient. Mais je reçus la dernière lettre de Salvati ; il s'y trouvait une lettre de Wann, dont l'indifférence m'épouvanta et un démon s'empara de moi : je fus emporté par je ne sais quelle puissance infernale, car je n'avais plus la conscience de ma propre existence; je me trouvai comme un arbre déraciné par la foudre.

« Aussitôt je quittai l'armée, disant que ma blessure, reçue à S... s'était ouverte et demandait les plus grands soins. Le poste que j'occupais était envié, l'on me connaissait incapable de commettre une lâcheté, je partis promptement.

« J'ignore moi-même en quelles intentions j'allais à Paris : dans le torrent d'idées, de sensations, de projets qui s'entre-choquaient, je ne distinguais rien ; une espèce d'instinct animal me guidait et j'obéissais aveuglément. Je traversai la France, j'appris ses malheurs et ces nouvelles ne me frappèrent pas : ce ne fut que long-temps après, et à Chambly même, que je me rappelai les événemens politiques comme une vision de mon enfance. Au milieu des souffrances de ce cauchemar d'un homme éveillé, j'entrevoyais la vengeance comme une nécessité, l'amour de Wann comme un espoir, et ces deux pensées étaient seules à tourmenter mon cœur, à y marcher entourées de douleurs, si l'on peut comparer les idées à des êtres brillans qui voltigent en notre âme comme dans un palais radieux. La vigueur de ma jeune imagination et les événemens terribles qui la fatiguaient enfantèrent un chaos de souffrances et morales et physiques dont la peinture serait curieuse, si je voulais vous initier dans tous les mystères de ma pensée.

« Enfin, j'arrivai à Orléans; j'y trouvai Annibal : à ma vue, il se précipita dans mes bras, m'accueillant par un silence qui m'expliqua mon avenir. Je le vis pâlir, rougir tour à tour, et n'oser lever les yeux sur moi; je crus même voir une larme, et je le connaissais assez pour savoir que mon malheur égalait son dévouement.

« — Et Wann?... fut ma première parole. Il baissa la tête par un geste plein de mélancolie, qui ranima le feu dont j'étais brûlé. — « L'as-tu prévenue de mon arrivée, pour adoucir la cruelle vivacité de nôtre...

« — Enfant!... s'écria-t-il avec un son de voix plein de pitié. Il m'était si difficile de croire à *sa* trahison, qu'à chaque instant j'agissais comme si *elle* était toujours à moi!...

« — Hélas! lui dis-je, c'était cette année même que nous avions attendue pour notre union! à ce terme je devais acquitter les obligations que le bon père Wann m'avait imposées par sa lettre dernière...

À cette idée, je restai stupéfait en pensant que la sainte union de nos cœurs, célébrée si religieusement par cet être divin dans une scène qui ne sortira jamais de ma mémoire, ne s'était pas levée dans le cœur de Wann-Chlore pour défendre mon amour. De ce moment n'avions-nous pas été époux?...

« Annibal, profitant alors de l'abattement dans lequel je tombai, me raconta en peu de mots que Wann-Chlore était accouchée d'un fils; que son séducteur était parti depuis deux mois pour l'Angleterre, dans l'espérance de fléchir son père, et d'obtenir son consentement au mariage de Wann; qu'enfin le Puritain venait de perdre sa fille!...

« Ce récit me causa des convulsions

affreuses : une fièvre cérébrale fut le résultat de ces secousses terribles, et je fus contraint de rester à Orléans, consumé par toutes les douleurs, et subissant mille morts sur le lit de misère où Salvati me retenait. Tantôt j'appelais la mort à grands cris, et alors Annibal, veillant sur moi, me dérobait mes armes ; tantôt je refusais toute nourriture, ou je voulais m'enfuir.

« J'étais dans l'enfer. Annibal employait toutes les ressources de sa flatteuse éloquence pour apaiser mon ardeur, et il agissait avec moi comme les chefs de parti avec les masses populaires. Tantôt il me disait : —« Eh bien, allons *la* tuer, elle et son amant ! » Je reculais d'horreur comme si j'eusse vu une mare de sang et je refusais d'accomplir le vœu que j'avais exprimé avec enthousiasme. Tantôt il me parlait, et sa douce voix apaisait mes souffrances.

« — Oui, lui dis-je un jour avec un sang-froid qui l'épouvanta, nous sommes des êtres tyranniques et sans raison ! Eh ! quel droit avons nous d'exiger qu'une pauvre créature qui vit sous l'influence despotique des sens aime toujours, parce que nous l'aimons ? mais c'est une folie !.. C'est vouloir qu'il n'y ait au monde, ni hasard, ni hommes, ni plaisirs, ni erreurs. » Annibal crut d'abord que ces paroles étaient dictées par l'ironie dont mon désespoir se servait souvent. « Partons, dit-il. »

« Partons, répondis-je, je ne crains rien ; je puis regarder maintenant

Wann-Chlore en face sans être ému. »
Je disais vrai ; je m'étais inspiré à
moi-même cette sorte de courage que
les Stoïciens faisaient profession d'enseigner. Quelquefois l'âme a de ces
retours et trouve des forces nouvelles en se repliant sur elle-même,
semblable à Antée qui puisait un nouveau courage en touchant la terre.

« J'arrivai à Paris ; et, suivi de Salvati, j'accourus chez Wann-Chlore.
Angoisse affreuse !... je franchissais,
à la poursuite du malheur, ce même
chemin que je me faisais un jeu d'abréger en courant jadis m'enivrer de
ses regards. « Tu pâlis ! me dit Annibal, quand j'arrivai rue de Turenne. — Je ne crois pas, mais j'ai
froid ! » Vivais-je alors ? Dieu le sait !

« Mademoiselle, j'ai revu la porte de

la maison, j'ai monté les marches de l'escalier, et j'ai fait retentir cette sonnette dont jadis les tintemens....

. . . .

———

J'ai pris un moment de repos, Eugénie, j'étouffais: n'y a-t-il pas un monde de douleurs sous ce dernier mot? J'ai repris courage, je vais poursuivre.

« Alors j'entendis, je reconnus *son* pas; *elle* accourait avec cette légèreté, cette élégance dans la démarche si connue de mon oreille. Souvent, autrefois, elle accourait ainsi!.. aujourd'hui elle accourt, joyeuse, à un autre!.. Cette pensée était un pressentiment de la vérité, vous le verrez! Rien n'a manqué à cette catastrophe. C'était *elle!*... A ma vue elle jeta un cri perçant, et si Wann-Chlore était fille à s'évanouir, voilà, je crois, la seule fois de sa vie qu'elle serait tombée demi-morte. Elle frissonna et ses joues eurent soudain l'éclat de la grenade ; je frémis : cette rougeur était chez elle l'indice de la plus grande douleur. Que la honte la rendait belle !... Elle brillait !... Elle me jeta un regard et je tremblai comme un pécheur voyant la face de Dieu ; alors, je restai fasciné par une puissance inconnue : toutes mes idées s'enfuirent ; et, sentant dans les muscles de mon visage une contraction douloureuse, je contemplai Wann-Chlore avec la stupidité d'un imbécile.

— « Est-ce *toi ?*.. s'écria-t-elle, dans quel moment, hélas !...

« Je m'avançai sans lui répondre ;

elle me suivit en silence dans le salon. Là, un autre spectacle s'offrit à mes regards : un homme, non, un squelette, habillé de noir, tenait un livre par deux mains décharnées. Notre arrivée n'opéra en lui d'autre changement qu'une vacillation lente et monotone dans ses yeux, qui roulèrent dans leur orbite de telle manière qu'en s'arrêtant sur nous ils ne me semblèrent pas avoir changé d'attitude.

« —Ce n'est pas *elle*, dit-il avec une douleur si profonde, que ma douleur se tut devant l'angoisse paternelle. Il ne se leva point, ne fit aucun mouvement et ses yeux revinrent contempler la chaise qu'*elle* avait occupée pour la dernière fois. Je souffrais ; j'avais du bonheur à revoir Wann-Chlore même infidèle ; j'étais stupéfait d'apercevoir le Puritain ; en un mot j'étais ivre : voir cet appartement chéri!... être à cette même place où sir Wann prit mes mains pour les confondre dans les siennes !.. oh! ce sont des angoisses dont nul au monde n'est juge. Un autre eût tué Wann-Chlore, ou l'eût accablée de reproches, moi, j'eus à la bouche le rire sardonique de ces soldats qui, blessés mortellement sur le champ de bataille, expirent en riant aux éclats par je ne sais quelle ironie de douleur. Alors sir Georges me regarda avec la même lenteur dans les yeux, et s'écria gravement : —« La joie des autres est un chagrin pour qui n'a plus de fille. »(La joie!) J'ai vu l'ombre du roi Léar !.. Songez, mademoiselle, que la chute de la foudre n'est pas plus rapide que les événemens de cette scène d'une minute.

Je me retournai vers Wann-Chlore, elle pleurait!... A ce spectacle, je fus prêt à me jeter à ses pieds, mais une femme de campagne sortit de la chambre à coucher et Wann-Chlore courut lui parler à voix basse : Annibal se pencha vers moi pour me dire : « C'est la paysanne qui prend soin de son fils, depuis quinze jours elle va tous les matins à Sèvres... » Mon cœur, à cette phrase, redevint de marbre. Annibal s'éloigna pour nous laisser seuls en me faisant signe que le Puritain ne comptait plus parmi les êtres d'ici-bas. En effet, il regardait constamment *cette chaise!* lui qui voulait tuer sa fille à la première faute qu'elle commettrait!

« Wann-Chlore revint précipitamment à moi; et, me prenant la main, avec cet abandon qui me charmait jadis, elle me dit : « Enfin te voilà !... » A cette phrase, sir Wann leva brusquement la tête et nous regarda : Chlora baissa les yeux : — « Ma lettre t'a parlé, dit-elle, de circonstances fâcheuses; mais avant tout laisse-moi te dire que je t'aime !...» Sa bouche prononça cette phrase avec le même amour. — Eh, bien ! continua-t-elle, pourquoi ton étonnement ?... » Soudain elle regarda la pendule avec effroi : « Midi, s'écria-t-elle, Horace, adieu !.. adieu !.. Reste ici ? Dans deux heures je reviens à toi !...

— Comment, lui dis-je avec une sourde colère, j'arrive, tu ne m'as pas vu depuis deux ans !... Depuis deux ans, répétais-je en prenant son bras que je serrai, comme si l'espèce de douleur que je pouvais lui causer était un allégement à ma souffrance; et j'ai la honte d'avouer que cette ignoble et petite vengeance me satisfit : « Depuis deux ans! répétais-je, et voilà quel est ton accueil, tu me fuis!.. Que te dire?.. Ai-je des expressions pour tes perfidies?...

— Qu'as-tu? me dit-elle en me regardant avec des yeux fixes.

— Où vas-tu? lui demandais-je; elle resta muette, et par un mouvement involontaire, elle regarda la pendule. « L'heure te presse! » lui dis-je. Elle fit une signe de tête affirmatif en me contemplant avec un tel effroi je me calmai soudain.

— Wann-Chlore, lui dis-je plus

doucement en lui prenant la main et la baisant avec ardeur. A ce geste, le vieux Puritain se leva, dirigea sur nous des yeux étincelans de rage, ses lèvres tremblèrent et il s'écria : « Voilà comme on les perd ! »

— Votre heure de prier vient de sonner ! » lui cria Wann. Le vieillard avait jeté sa bible par terre, il n'entendit rien et se rassit en silence.

— Wann-Chlore, où vas-tu, mon ange, et que vas-tu faire ? lui demandais-je dans le désir de commencer avec calme cette fatale scène.

— Ami, dit-elle avec un son de voix enchanteur et en mettant son doigt sur mes lèvres ; c'est un secret qui ne m'appartient pas : pour toi, en aurais-je ? Je suis bien aise de t'apprendre que ta femme sera

discrète !.. Elle tremblait, mais elle accompagna cette phrase d'un sourire et d'une expression qui partaient d'un cœur innocent. Alors une infernale idée me vint : « — Si elle me reçoit ainsi (car notre amour était sans nuage), c'est, me souffla le démon, qu'elle veut t'épouser pour cacher son déshonneur... Un pas dans le crime n'en vaut-il pas mille. » Elle s'était éloignée de quelque pas et je bouillais de rage en la voyant sortir aussi froidement, j'ouvrais même la bouche pour lui dire un éternel adieu, lorsque tout à coup elle revient à moi, m'entoure de ses bras, me serre avec amour, m'embrasse avec volupté.
« — Tu n'as encore rien adressé au cœur de ta pauvre Wann-Chlore, dit-elle à voix basse ; et tu m'arrives

après deux ans! et je te revois dans un état déplorable! et tu me jettes de sinistres regards! et tu frissonnes... Qu'as-tu? je ne vois que mort et que douleur!...

— Wann, lui dis-je en la pressant sur mon cœur; après deux ans, quelle affaire assez pressante peut jeter sur notre entrevue cette glace...

— Une glace!... s'écria-t-elle avec étonnement, une affaire!... Connais-tu quelque affaire qui m'empêchât de rester un an tout entier devant toi, occupée à te regarder, sans me lasser de ta chère vue? Une affaire?... Non, c'est quelque chose de sacré! un jour tu pourras me comprendre, c'est *un devoir* enfin!... mais, je te connais et je sors... Elle m'embrassa en pleurant, me montra du doigt le Puritain, disparut en étouffant ses sanglots et me laissa en proie à je ne sais quelle espérance : en confondant nos regards j'avais reconnu la céleste expression de son amour, rien n'était changé. Ma colère expirait; ma langue se glaça par trois fois, quand trois fois je voulus exprimer un reproche. Infidèle! elle triomphait de moi!... ou plutôt j'étais toujours certain de son amour.

« — Annibal, m'écriais-je, il existe un mystère que je ne saurais éclaircir! » Annibal vint à moi sans embarras et me dit : « Que les femmes sont fausses!... »

— Songe, lui répondis-je, qu'il me faut des preuves!... oh! des preuves terribles pour balancer le moindre de ses sourires!... « Si Annibal m'avait menti, je l'aurais tué. Aussi je lui dis :—« Annibal, si tu t'étais trompé, évite-moi, alors que je reconnaîtrai ton erreur... Il sourit et ce sourire me fit trembler. Je marchais sur un fil entre deux précipices. Ne fallait-il pas renoncer à Chlora ou à un ami? voir une de mes deux chimères de cœur s'évanouir!...

« Pendant que j'étais plongé dans cet égarement; que, jeune encore, j'offrais le même spectacle que ce vieux Puritain, privé de sa fille; Annibal entendit un grand bruit de chevaux, il courut à la fenêtre, revint précipitamment, et me prenant la main :—« Horace, me dit-il, du courage, de la prudence, ne t'emporte pas!.. Songe qu'il faut, pour tout découvrir et acquérir la preuve de cette horrible trahison, garder un sang froid imperturbable.

« Alors j'entendis avec fracas et avec furie un jeune homme se précipiter dans la maison ; soudain il sonna : le vieux Puritain, ébranlé dans le fond du cœur, se leva de l'air d'une prophète inspiré ; et, levant les bras au ciel, il s'écria, comme un enfant joyeux : —« La voilà !.. c'est elle !... Je ne sais plus ce qu'il fit, car dans ma rage, je m'élançai dans l'anti-chambre et courus ouvrir moi-même.

« Je fus surpris, je l'avoue, en voyant mon rival. Si la beauté des formes, la candeur de la figure, annoncent une grande âme, Wann avait pu l'aimer : il me regardait avec des yeux si pétillans de joie que cette vue me rendit à ma fureur. Il me souriait et peut-être allait-il me sauter au cou et m'embrasser.

— « Monsieur, lui dis-je en me contenant avec peine, qui venez-vous chercher ici?...

— *Elle!...* » me répondit-il avec cette émotion que cause à un homme joyeux l'obstacle imprévu d'un homme en colère. « Miss Wann-Chlore n'y est pas? demanda-t-il d'un air interdit.

— Non monsieur, lui répliquais-je.

— Il faudrait cependant que je la visse à l'instant même! cette minute sera toute joie pour elle...

— Vous croyez? dis-je ironiquement et altéré par la soif du sang. Elle est sortie, ajoutai-je froidement. Le changement de mon ton le frappa, il me regarda d'un air indécis et me dit avec une espèce de vague : « — Sortie ?... oh! ne me trompez pas! si elle était ici, inquiète, souffrante, qu'elle ne fut pas visible, portez-lui mon nom et sur-le-champ...

— Sur-le-champ!... m'écriai-je, monsieur, elle est réellement sortie...

— En ce cas, dit-il en réfléchissant, Wann-Chlore est à Sèvres!... »

« Je restai anéanti, ce mot, Wann-Chlore, cette certitude du lieu même où se trouvait miss Wann.... Oh! alors, l'air, la lumière m'éblouirent et je tombai. J'ignore ce que je devins, mais je me réveillai entre les bras d'Annibal. « A Sèvres, à Sèvres!... » m'écriai-je avec fureur, en m'assurant que mes pistolets étaient dans mon sein.

— Il a quatre chevaux à sa voiture, me dit Annibal; nous ne l'atteindrons pas...

— En eût-il cent! il n'ira pas si vite que moi!..lui dis-je. Nous partîmes. »

« Encore un peu de courage, et mon récit, chère Eugénie, touche à sa fin. Ici, je vous ferai observer que telle rapidité que je mette à vous peindre les gestes, les regards, les paroles qui ont marqué pour moi cette journée d'un sceau de malheur, rien ne peut vous rendre l'horrible célérité des scènes diverses: tout était rapide comme le boulet qui tue. L'histoire de mes sentimens serait aussi par trop pénible, vous connaissez mon caractère, cette intime conviction doit vous suffire, je vous raconterai seulement les faits...

Hélas! jamais catastrophe ne fut plus habilement préparée par le hasard! L'image de Wann-Chlore avait combattu et mes doutes et ses lettres, et même celles d'Annibal; un faible espoir brillait toujours, l'entrevue à Orléans le fit évanouir; l'aspect de Wann-Chlore me rendit la vie; la rencontre de sir Charles C... venait de me plonger dans le néant. Je courais à Sèvres, chercher quoi?.. la mort, et je l'y trouvai hideuse!.. Je ne vous dirai pas l'horreur éprouvée durant la route de Paris à Sèvres, elle est telle que de ma vie, quoi qu'il m'arrive, je ne foulerai ce sol abhorré. Il est pavé de douleurs.

« Nos chevaux haletaient en entrant à Sèvres, mais avec une célérité inouïe nous avions atteint, rencontré, dépassé la voiture de mon rival. Attelée de quatre chevaux, cette infernale voiture allait avec une effrayante rapidité, et il a fallu que ma rage ait passé dans l'âme de ces deux chevaux que vous connaissez, pour que nous ayions obtenu environ une dixaine de minutes d'avance sur sir Charles C.....

« En arrivant à Sèvres, nous aperçûmes un fiacre dans lequel j'avais cru voir Wann-Chlore: il était arrêté à quelques pas d'une maison vis-à-vis laquelle se trouvait un restaurateur. Je vis de mes yeux Wann-Chlore descendre de cette voiture. Alors nous entrâmes dans la cour de l'auberge après avoir confié nos chevaux au maître qui était venu lui-même à notre rencontre : je franchissais déjà la cour pour m'élancer dans la maison de Wann-Chlore, quand je me sentis arrêté par Salvati qui me dit : « Vas-tu commettre des imprudences, te montrer pour ne rien savoir !... Prenons des renseignemens ! crois-tu qu'on ignore à qui cette maison appartient ? »

« Nous montâmes dans une salle dont les croisées permettaient de voir la maison et je fis monter l'aubergiste. Le hasard voulut que ce fût un ancien militaire qui avait servi sous mes ordres. — « Mon brave, lui dis-je, connais-tu le pays ?...

— Comme une consigne, répondit-il. (Car il semble que ma mémoire ne me fasse grâce d'aucun détail; les moindres circonstances sont toujours présentes à mon âme: et, les paroles, je les entends; les gestes, les individus, les nuages même qui couraient alors sur le ciel, je les vois).

— Voilà pour toi, lui dis-je en lui jetant ma bourse; écoute, tu vois cette maison?...

— Oui.

— A qui est-elle?...

— Ah! mon colonel, elle est à une vieille bonne femme qui me fait un tort considérable, » et il m'entretint de je ne sais quel commerce infâme dont les détails augmentèrent encore ma fureur: je ne voulus ajouter aucune foi à ses discours.

— A qui cette maison est-elle louée actuellement? lui demandai-je.

— A une jeune personne de Paris, une Anglaise.

— Et que s'est-il passé dans cette maison?

— Mon colonel, il y a deux mois environ que la jeune personne est venue accoucher...

— Infâme!... » et je restai immobile.

« Annibal, pendant mon colloque avec l'aubergiste, était à la croisée.

— Horace! s'écria-t-il, voici la femme que tu as vue ce matin chez miss Wann. » Je m'approchai de la fenêtre, je reconnus la paysanne; Wann-Chlore était aussi à la fenêtre, et regardait dans la rue en donnant les marques de la plus vive inquiétude.

— Voulez-vous que j'attire cette femme ici? » me demanda l'aubergiste. Je consentis par un geste convulsif, demeurant le témoin insensible des efforts que fit l'hôte pour amener la paysanne devant nous. Elle vint, et, pour qu'elle ne me reconnût pas, je m'enveloppai dans mon manteau.

—Quel est le nom de la personne à laquelle vous louez votre maison? » lui demanda Annibal. Elle refusa de répondre. On lui présenta de l'or; elle le refusa et voulut se retirer. Alors je tirai mon portefeuille; et, lui montrant des billets de banque, Annibal lui proposa un prix exorbitant pour ses confidences. Elle regarda tour à tour les billets et sa maison; puis, succombant à l'appât des richesses, elle dit à voix basse : « C'est miss Wann-Chlore ! » Je n'en entendis pas davantage, un voile épais tomba subitement comme un rideau; je fis signe de la main qu'on éloignât cette femme et je me précipitai vers la fenêtre dans l'intention de me jeter sur le pavé pour qu'*elle* fût obligée de passer sur mon corps en retournant à Paris, mais la vue de mon rival m'arrêta soudain. Sa voiture était arrêtée à quelques pas et il allait à pied, demandant de maison en maison la demeure de son enfant : à cet aspect, je devins immobile, et, le contemplant avec calme : « Wann l'aime donc! Ils sont heureux!.. » me dis-je. Je ne sais à quelle cause attribuer ce moment de relâche que me donna la douleur. Le jeune lord était le bonheur même, il parlait à tout le monde; et, rencontrant la paysanne, il l'interrogea, l'embrassa dans son délire, courut avec elle jusqu'à la maison et la porte s'ouvrit pour lui. Alors ma rage revint comme les eaux de la mer en furie, elle revint avec d'autant plus de violence que dans cette matinée tout s'éclaircissait et je marchais de soupçons en preuves, d'espérance en malheur, d'horreur en horreur.

« Haletant, déchirant mes habits, armant, désarmant mes pistolets, je ne criais pas, je rugissais sourdement, le torrent qui m'emportait ne me laissant plus le pouvoir de m'arrêter à des mots, à des phrases : je n'avais plus les traits distinctifs de l'homme et je souhaitais verser le sang comme un tigre affamé. Annibal me laissait en proie à cette longue agonie, se contentant de veiller sur mes moindres mouvemens. J'allais, par un mouvement uniforme et précipité, du mur à la fenêtre et de la fenêtre au mur, absolument semblable aux animaux carnassiers enfermés dans leur loge : ce n'étaient plus des idées qui se pressaient dans mon cerveau, mais des myriades de pensées qui passaient, en me fatiguant de leur essor. Ah ! l'on souffre bien moins pour mourir !.. Tout à coup je vis le jeune lord sortir précipitamment de la maison de Wann-Chlore avec les marques d'une profonde inquiétude. Il laissa la porte ouverte. Sur-le-champ j'ouvre la croisée, je mesure de l'œil la distance, je m'élance, saute sur le chemin sans me blesser ; à peine sentais-je mon corps! Je me dirige rapidement vers cette maison, qui m'attirait comme un malheur en attire un autre ; et, quand j'y parvins, la terre, les corps, les objets, tout avait disparu sous les flots d'une lueur surnaturelle : mes sensations étaient si vives, si multipliées que mon âme avait subjugué, anéanti mon corps ; je m'agitais dans une sphère inconnue et que je ne puis comparer qu'à cette lourde atmosphère, au sein de laquelle s'accomplissent nos rêves ; je marchais comme marche l'Ombre, l'*Esprit* ; enfin, le langage manque à peindre de telles scènes.

« Me voici dans cette maison : un escalier se trouve devant moi ; j'entends les vagissemens plaintifs d'un enfant et la douce voix de Wann ! Je n'ai ni terreur, ni rage, ni colère ;

une sueur froide couvre mon front. Je pose mon pied sur la première marche avec la précaution d'un voleur nocturne préparant l'assassinat, je n'ai point fait de bruit ; la marche est montée : une seconde, une troisième, nul bruit. J'arrive au seuil sans avoir écrasé un seul grain de poussière, je retiens mon haleine, le moindre souffle retentit dans mon oreille comme jadis une parole de Wann en mon âme ; je suis devant la porte de la chambre où est l'enfant, Wann et la paysanne... Je n'ai aucune honte de regarder par cette porte entr'ouverte, et j'ai la vertu, le courage (que dire!..) de contenir mes cris en voyant Wann-Chlore, cette Wann qui m'adora, bercer l'enfant d'un autre!.. lui sourire, et quel sourire!.. Elle lui souriait enfin, et chantait pour apaiser ses souffrances!.. Elle venait sans doute de l'allaiter? Qu'elle était belle!.. que dis-je belle? divine, sublime!.. Était-elle coupable?.. mon cœur me criait : « *Non...* »

« *Elle est perdue pour toi!* » me dit une voix terrible; et, une force invincible, cette force qui brise notre poitrine pendant un long cauchemar, me clouait à cette porte. « *Oh, mon Dieu! la trouvera-t-il?..* » fut la seule parole que prononça Wann avec les signes d'une profonde douleur.

« Je m'élançai hors de cet infernal repaire et regagnai mon auberge dans un état qui aurait fait pitié à Wann-Chlore elle-même. Je trouvai Annibal au désespoir : « Dieu soit loué !.. » s'écria-t-il en me voyant l'embrasser; et, les yeux secs, lui dire :

— Perdue !.. perdue !.. perdue à jamais !... » Là, commença la folie; là, mes yeux hagards effrayèrent et l'aubergiste et Annibal : là, je devins froidement frénétique.

« Annibal fit de moi ce qu'il voulut; nos chevaux étaient sellés ; il me mit sur le mien et m'entraîna. Je sortais, lorsque lord C..... parut : nous nous arrêtâmes l'un devant l'autre.

— Tout votre bonheur est là !.. lui dis-je en montrant la maison.

— Oui, » répondit-il.

— Aimez-la bien !.. m'écriais-je en m'enfuyant, car j'allais lui faire sauter la cervelle.

« Je revins à Paris ; et, pendant la route, j'écoutai parfaitement le discours que me tint Annibal sans rien entendre; sa voix était une musique vague; je savais qu'il parlait, mais mon âme était morte. Alors mes dents s'entre-choquaient de froid; je riais, mes yeux brûlans me refusaient des pleurs; je n'étais pas en proie à une souffrance aiguë, mais ma main ne pouvait plus retenir les guides de mon cheval.

« Arrivé chez moi, je fis venir Nikel et lui commandai de tenir deux chevaux prêts; puis, prenant Annibal dans mes bras : « Mon ami, lui dis-je, mon frère... » Les larmes me coupèrent la parole.

« — Tais-toi, me dit-il, les larmes d'un homme sont terribles !.. »

« — Ami, je vais te quitter, te quitter pour toujours !.. Je dis adieu à la nature entière... Annibal, tu n'as plus d'ami... non, plus... Adieu, je vais vivre où le hasard m'indiquera une place, mais je vivrai obscur, gardant un silence absolu. Personne ne sait *son* nom, je ne l'entendrai donc pas! Je l'aimerai toujours, tu pourras le *lui* dire, si tu *la* rencontres... Qu'elle soit heureuse et qu'elle oublie mon infortune! je la lui pardonne! Ne fais aucune démarche pour me revoir; et, si tu apprends que j'ai succombé au chagrin, viens graver sur la tombe de ton ami : « Il aima!.. » je suis fier de mon mon amour. Adieu. »

« Vainement Annibal essaya de me détourner de ce projet, nous nous quittâmes. Guérard m'a dit que, désespéré de m'avoir perdu, il s'était réfugié à Tours : il est le modèle des amis !..

« Quand Nikel vint me dire que les chevaux étaient prêts, je lui ordonnai de m'accompagner; et, une fois à cheval, je partis au grand galop... Où?.. L'instinct invincible de la passion me conduisit, hélas! sur les boulevards; et, en un instant, j'arrivai à la place Royale. *La* revoir!.. *la* revoir, mademoiselle! me sembla la plus grande joie. Oui! *la* revoir même perdue pour moi ! « Eh oui, criais-je tout haut, je la verrais comme un beau tableau, comme une image des perfections célestes! A qui mon admiration nuira-t-elle? Refusera-t-elle à celui dont jadis elle a sauvé la vie, qu'elle a serré dans ses bras, de rester comme une ombre de sa brillante vie, comme une statue qu'elle éclairera des feux de son bonheur?.. eh bien, je demanderai cette faveur à genoux à mon rival... et il y aura encore au monde une joie pour moi!.. N'ai-je pas assez de force dans l'âme pour aimer sans espoir?.. N'étais-je pas heureux quand je m'enivrais de la voir prier à Saint-Paul?... O malheur! elle avait quinze ans alors!... Six ans se sont passés et le malheur est venu qui, de sa faux, a moissonné toutes mes fleurs!..

« Je montai rapidement chez Wann-Chlore, agité par des pensées bien différentes de mes pensées d'autrefois... Ah! si les *choses* étaient des *êtres*, de combien de terreurs, d'angoisses, de joies, une marche ne ferait-elle pas l'histoire? les pas seuls doivent avoir un langage. Je sonnai, j'entrai, je parcourus l'anti-chambre, le salon ; tout était désert : j'entendis parler chez Wann-Chlore, j'ouvre,... je reste stupéfait : Eugénie ! le même enfant, le même berceau, venus de Sèvres !... chez elle ? elle le balançait, elle avait pleuré !... Le vieux Puritain, aux cheveux de neige, souriait à l'enfant et le regardait avec l'expression hébétée de la démence... Wann-Chlore me sourit, mais soudain elle jeta un cri, en voyant mon visage. C'était celui d'un maître irrité, d'un bourreau !.. plus d'amour, plus d'espoir ! la mort siégeait sur mon front, inflexible, terrible !... Elle s'élança sur moi, je la repoussai... Elle alla tomber sur le vieux Puritain, qui, étonné, la retint dans ses bras... « Malheureuse !... m'écriais-je, tu m'as tué! Nous sommes quittes, je te devais la vie... » Elle ouvrit les yeux : « Est-ce *lui*... qui ?.. dit-elle. A ce mot, je ne sais quel génie me dompta, je vis la chambre tout en feu, j'avais saisi mes pistolets, le démon me souriait, je crois, mon doigt lâcha la détente... A travers l'horreur de cette lumière infernale, je vis Wann-Chlore se débattre, et venir à moi en souriant avec innocence; je n'avais atteint personne... Je me sauvai poursuivi par mille furies et par ce sourire de Wann plus cruel que les mille voix qui aboyaient à mes oreilles. Au sein d'un tumulte diabolique j'entendis Wann-Chlore parler et courir; mais je fuyais, je montai à cheval, faisant signe à Nickel de me suivre et je partis comme un éclair.

Wann est descendue jusque dans la rue, car en détournant je la vis pâle, échevelée, essayer de me rejoindre,... le démon m'a emporté. Je me suis trouvé peu de temps après à Chambly, mon cheval s'abattit devant la maison que j'habite, je regardai cet accident comme un ordre d'en haut, j'obéis. Vous savez le reste.

« Jamais le nom de Wann-Chlore n'a été prononcé depuis ce jour. Par momens j'entends sa voix et son terrible sourire vient parfois se montrer à mes yeux. Il m'assassine ! J'ignore en quelle contrée elle a porté ses pas. Souvent son fantôme arrive à moi plein de grâce, de charme !.. Je la vois folâtrant, ses yeux noirs, ses joues pâles, ses cheveux, sa robe blanche, et penchée sur sa harpe, elle me chante une ballade irlandaise qui parle d'amour... Souvent elle se lève, terrible, menaçante, me montre deux fosses de cimetière, deux croix, deux noms!.. Voilà mes rêves, telles sont mes pensées! aussi ma jeunesse est-elle flétrie?.. et voilà le cœur sur lequel vous voudriez asseoir votre bonheur!

«Pardonnez-moi, mademoiselle, d'avoir soulevé un voile qui laisse apercevoir à votre pure innocence, le monde sous un jour aussi sombre... Fuyons-le si nous unissons nos destinées? vivons loin des villes!

« Maintenant ma tâche est remplie. Vous allez prononcer sur notre sort : si votre réponse est favorable, mademoiselle, elle dissipera les nuages qui chargeaient mon front, et la grande figure de Wann-Chlore, les souvenirs qu'elle traîne avec elle seront peut-être ensevelis sous les charmes de notre union. Cette dernière espérance rafraîchit mon âme, accablée des efforts que j'ai faits en vous peignant ainsi les cruelles agitations de la vie de mon cœur. »

—

— Ah! m'aimera-t-il ainsi!.. s'écria Eugénie en laissant tomber ces pages funestes; et, s'abîmant dans une profonde rêverie, elle resta long-temps en proie aux sentimens cruels, aux nombreuses pensées qui l'accablèrent après cette lecture. Ce moment était, pour elle, un de ceux où notre âme s'élève, s'empare de notre vie, la voit tout entière, juge l'avenir par le passé et flotte irrésolue, en sentant qu'elle est encore maîtresse de ses destinées alors qu'elle hésite.

Mais Eugénie aimait; et, si d'abord elle pesa ses espérances, repoussant bientôt ses pressentimens, elle ramena sa pensée aux malheurs de son bien-aimé. Comme tous ceux qui n'ont senti de la fortune que les rigueurs de sa main de fer, mademoiselle d'Arneuse était douée d'une expérience précoce. Le malheur rend craintif, méfiant; et, si l'homme fortuné marche hardiment et à pas précipités, la Misère est presque boiteuse. Aussi Eugénie aperçut-elle aussitôt une obscurité gênante dans certains détails de cette catastrophe, qu'elle déplorait par amour pour Horace: elle l'accusa surtout d'avoir jugé

Wann-Chlore avec trop de précipitation, de légèreté; puis se mettant à la place de Landon, elle arrivait à cette tendre fille, lui demandait : « L'as-tu donc trahi? l'aimes-tu toujours? » Et se confiant au charme de la dernière entrevue, elle trouvait la réponse écrite dans l'histoire de leurs premières amours; mais bientôt revenaient à la mémoire d'Eugénie toutes les preuves de cette sourde trahison : elle pensait que l'amour avait lentement déserté une correspondance connue de Landon seul, et les faits étaient accablans. Ne fallait-il pas un coupable?.. Discutant alors les moindres circonstances, elle restait dans un horrible embarras en hésitant à condamner ou Wann-Chlore ou Annibal, et la tendance qu'ont les belles âmes à croire au bien, lui faisant toujours absoudre Salvati, et le dernier sourire de Wann-Chlore plaidant avec énergie la cause de l'amour, elle accusait Landon lui-même, cherchant à le convaincre d'un crime de lèze-amour. « Une femme, disait-elle, qui le voit, peut ne pas l'aimer; mais celle qui l'a connu, qui a vécu dans *son* âme, ne doit jamais le trahir!.. » Tout à coup Eugénie vint à songer que la source même de son bonheur était dans la faute qu'elle reprochait à Landon, et tout à coup ce sentiment d'égoïsme, qui n'abandonne jamais l'amour, la glaça de terreur en lui suggérant que si quelque fatale erreur avait causé cette catastrophe, ce n'était pas à elle à la découvrir; donc elle essaya de repousser, mais vainement, le penchant qui l'entraînait à aimer sa rivale et à la plaindre : les âmes nobles, échappées de la même source, ne tendent-elles pas à se réunir ici bas !

Le jour surprit Eugénie plongée dans cette méditation pénible ; et, quand elle descendit, appelée par la cloche qui annonçait le repas du matin, ses deux mères, frappées du changement de ses traits, de sa préoccupation, de son air distrait, se firent un signe d'intelligence.

— Vous n'êtes plus reconnaissable aujourd'hui, Eugénie, lui dit sa mère en rentrant au salon ; vous ne nous dites rien.

— Il me semble, ma mère, répondit-elle en souriant, que je n'ai jamais beaucoup parlé.

— Eugénie, je n'aime pas de telles

répliques, une mère doit toujours avoir raison.

— Écoute bien ta mère, ma petite, dit madame Guérin à voix basse.

— Eugénie, continua madame d'Arneuse, que s'est-il passé entre vous et M. le duc? Voici huit jours que nous ne le voyons plus; votre gaîté a fui; votre figure est tellement changée, que vous m'inquiétez?. M'écoutez-vous?

— Oui, madame.

— Eh bien, qu'est-il donc arrivé?

— Rien, madame.

— Rien? reprit madame d'Arneuse avec ironie, j'en suis ravie! Eugénie, songez que si vous manquez ce mariage-là, je vous mettrai à ce couvent que l'on vient d'établir... — Oui, madame, reprit Eugénie, et son accent annonçait qu'alors elle accepterait la solitude avec joie. Les deux mères étonnées gardèrent le silence, et Eugénie attendit avec anxiété le moment où elle serait seule pour répondre à Landon; mais ne retrouvant sa liberté qu'au sein de la nuit, elle écrivit, sans crainte d'être surprise, cette lettre qu'elle avait longuement méditée pendant tout le jour.

Lettre de mademoiselle d'Arneuse au duc de Landon.

« Horace, vous m'avez fait durement reconnaître mon infériorité en présentant à mes regards une si noble image!... Certes, en votre absence, comme Wann-Chlore, je briserais les cordes d'une harpe; je porterais le deuil, je volerais vous secourir, je sourirais comme elle à la mort donnée par vous... Oh! j'essayerais même à la surpasser en amour! Ce dévouement est au fond de l'âme de toute femme qui aime : mais je sens que la pauvre Eugénie, ensevelie depuis sa naissance dans un obscur village, n'aura jamais à vos yeux l'éclat, la beauté, les talens de miss Wann-Chlore. Non, non, je ne saurai pas, avec cette grâce enchanteresse, exprimer mon amour; ce que je sais..., c'est que je vous aime. Ah! oui, car j'ose vous avouer un sentiment qui me saisit, il me subjugue, m'entraîne: ah! il vous plaira sans doute! J'aime Wann-Chlore, et... je vous sacrifie ma vie en vous répondant de sa fidélité. Elle vous adore toujours. Allez, courez sur ses traces, et mesurez au moins la force des preuves à la force de son amour. On a calomnié la vertu la plus pure, j'ignore comment; je puis bien obéir à ma conscience, mais il est au-dessus de mon courage de chercher cette cruelle vérité; si je la voyais je porterais les mains devant mes yeux.

« Allez donc auprès de Wann-Chlore, et... si vous suivez cette lueur fatale que je fais briller à vos regards, songez que dès mon enfance (je l'avoue aujourd'hui), j'ai été façonnée à la douleur; le ciel m'a sans doute réservé une vie tout amère. Vous pourriez trouver dans cette résignation de la grandeur, du courage; il n'y a, monsieur, que de l'amour, et je suis sans mérite...: n'y a-t-il pas quelque douceur à s'immoler au bonheur de celui que l'on aime?

« S'il arrivait alors... je n'ose l'écrire! Ah! gardez-vous de penser que la main d'Eugénie appartienne jamais... Je n'achèverai pas, vous me comprenez?.. Dans cette situation, de même que j'aime Wann-Chlore, de même, elle aussi, m'aimera, et sœurs en amour, elle me laissera vivre et mourir à l'ombre de son bonheur, à l'ombre de votre protection, plus heureuse mille fois que si j'avais vécu long-temps sans vous connaître.

« Horace, aujourd'hui, je suis maîtresse de moi, je peux rester votre amie, et mourir; mais si, demain, j'avais le droit de reposer mon bras sur le vôtre, je veux votre cœur tout entier; je le veux en despote; je serais jalouse du nom seul de Wann-Chlore prononcé dans votre sommeil... Hélas ! y a-t-il au monde des créatures semblables à Wann - Chlore ? Ne serait-ce pas une création à laquelle vous auriez prêté vos propres perfections ? L'avez-vous bien vue ? ne vous avait-elle pas fasciné ? et ne vous a-t-elle trahi que parce qu'elle n'était pas aussi parfaite ?... Hélas ! elle a été élevée par un être sublime ! un ange vous avait offert un ange. Eh bien, daignez être pour Eugénie, ce que sir Wann a été pour sa fille : vous me formerez à l'image de cette belle créature, j'étudierai avec ardeur ce qui vous plaira, et... vous m'aimerez au moins comme votre ouvrage !

« Enfin, une espérance me reste au milieu de mes alarmes, c'est que, si je n'ai pas été trouvée digne des fleurs divines de votre premier amour, vous serez, vous, le premier, le dernier amour d'Eugénie; et si faudra-t-il qu'aux feux de ma tendresse votre cœur laisse éclore quelque sentiment pour moi... Ne désirais-je pas votre bonheur aux dépens du mien? Hélas! être votre Eugénie!... être à vous, que je vois si grand! Vos écrits me font trouver mon âme petite : vous m'avez imprimé, je ne sais quel respect qui me charme, car je ne sais quel instinct me porte à vouloir rencontrer force et grandeur, là où est mon amour : vous serez donc *mon créateur?* Nommez-moi votre créature, ce nom me sera doux. Puis-je espérer?.. Oh, mon cœur se brise!.. Amie ou épouse, je serai glorieuse de mes sentimens, ne voyant que petitesse à vous déguiser combien vous m'êtes cher. Laissez-moi donc vous prendre la main, vous regarder sans éprouver ce tressaillement qui donne autant de douleur que de joie et vous dire : « Ami ! ma réponse est-elle claire, feras-tu le bonheur d'Eugénie ?... » Je n'ai plus qu'une crainte, c'est de trouver la vie trop courte pour te prouver mon amour !... Adieu, je me confie aux illusions de la belle Espérance. EUGÉNIE.

Au matin, la fidèle Rosalie porta secrètement cette lettre à Horace. Eugénie resta d'abord plongée dans les angoisses d'une morne attente : ses regards avaient quelque chose de farouche; ses pensées la balançaient entre la vie et la mort; elle frissonnait au moindre bruit ; et pâle, tremblante, elle laissa son ouvrage, ne pouvant rien faire ; mais emportée bientôt par une espèce de folie, elle se mit à courir à travers le jardin, éprouvant le besoin de déverser dans une extrême agitation du corps la cruelle activité de son âme.

CHAPITRE XI.

La profonde préoccupation d'Eugénie, l'absence de Landon et leur tristesse avant cette confidence solennelle, donnaient, depuis huit jours, les plus vives inquiétudes aux deux mères; et dans le cercle étroit de leur vie, ce silence était un événement aussi important qu'une déclaration de guerre pour un souverain. Aussi Rosalie avait déjà prévenu sa jeune maîtresse que les conférences du soir roulaient entièrement sur les causes secrètes d'une situation si désespérée; et madame d'Arneuse, trop impatiente pour dissimuler long-temps, fit sentir la veille, à sa fille, tout le poids d'une colère concentrée.

Pendant les huit jours que durèrent les chagrins des deux amans, les idées de madame d'Arneuse avaient complétement changé. En effet, du moment où elle apprit que son gendre était un duc, un duc de Landon, un Landon-Taxis, jeune homme plein d'esprit, ayant des manières nobles, possédant une fortune considérable, des terres, des châteaux, un hôtel à Paris, cachant avec mystère un grade sans doute supérieur et des décorations méritées, madame d'Arneuse ne tarda pas à s'engouer de son gendre : Landon devint son idole; elle se trouva fière d'une telle alliance; et, au milieu d'une gloire si éclatante, elle ne vit plus sa fille que comme une tache au soleil. Eugénie était-elle digne d'un homme aussi distingué, d'un cavalier si accompli?... Lui enviant même secrètement son bonheur, elle ne fut pas satisfaite de lui commander l'expression de son amour, elle reprenant bientôt l'air de sévérité qu'elle avait déposé le jour où elle l'avait vue dans les bras de la mort; et madame d'Arneuse devint d'autant plus sévère, qu'elle était jalouse, que sa fille allait échapper à sa domination, et qu'elle crut, en lui faisant durement sentir son pouvoir, le fonder pour l'avenir. Eugénie, heureuse et trop occupée des destinées de son amour, laissa voir qu'elle ne sentait plus le bras pesant de sa mère; alors la marquise, furieuse, accordant à Landon la place qu'Eugénie devait occuper dans son cœur, ne jeta plus sur elle que des regards d'indignation et de colère.

Pendant que la jeune fille parcourait le jardin, sa mère et sa grand'-mère avaient commencé une longue conférence, jugeant qu'il était nécessaire d'examiner la position respective des deux maisons et de porter de prompts remèdes aux dangers que courait la gloire des d'Arneuse. La marquise avait d'abord été soigneusement fermer la porte du salon: cette porte, au sujet de laquelle on faisait de quotidiennes observations à Rosalie, ressemblait bien à celle du temple de Janus, mais elle produisait l'effet contraire : fermée, elle annonçait la guerre entre l'antichambre et le salon ; ouverte, la paix régnait.

Séparées par une table de jeu, les deux dames se regardaient avec l'attention de deux avares pesant des louis d'or ; l'une tenait son ouvrage d'une main, ses lunettes de l'autre, et madame d'Arneuse feuilletait machinalement un livre. « Eugénie, dit-elle à voix basse, aura fait quelque sottise !... » puis elle remua verticalement la tête de droite à gauche, de gauche à droite, et ce geste ne lui paraissant pas assez expressif, elle le commenta en soupirant et en levant les yeux au ciel, ce qui voulait dire : « qu'une mère est souvent à plaindre !... » — Voici précisément huit jours qu'*il* n'est pas venu !... répondit madame Guérin qui, par ces paroles, mit le feu aux poudres.

— Vous verrez, s'écria madame d'Arneuse, qu'Eugénie manquera ce mariage-là!... et le malheur nous poursuivra en tout... en tout! répéta-t-elle en frappant sur la table; voici huit jours que le duc n'est pas venu!... Cette petite sotte-là ne lui convient pas, ou elle aura fait quelque faute... Elle est froide comme un marbre, elle change à vue d'œil, elle est laide!... Elle ne m'écoute pas et croit avoir plus d'expérience que nous. Ah, la damnée fille! elle me donne la fièvre!... Si elle n'était pas duchesse de Landon, je mourrais de chagrin!... Perdre la seule occasion qui puisse se présenter de reparaître à la cour, dans le monde avec éclat... et tout dépend d'elle... Ah! je ne lui retrouverai, ma foi, pas un prétendu comme celui-là !... »

En entendant cette philippique, madame Guérin laissa tomber sur le tapis un mouchoir qu'elle marquait des initiales A. L. : l'engagement devenait trop chaud pour lui permettre de tirer un seul point. « Comme tu t'effrayes, ma chère amie ! Eugénie est triste, mais c'est tout simple ; elle n'a plus que huit jours à être demoiselle : le jeune homme ne vient pas ? eh bien, ne faut-il pas qu'il fasse ses apprêts ?...

— Une semaine sans venir !... répéta madame d'Arneuse, et Eugénie a les larmes aux yeux.

— Hélas ! répondit madame Guérin, n'étais-tu pas triste aussi toi, la veille de ton mariage?

— C'était un pressentiment!... dit madame d'Arneuse.

— Oh, oui! ma pauvre fille! ce jour-là est bien la cause de tous nos malheurs! » Ici les deux dames soupirèrent simultanément et la fille répondit à sa mère : « Effets naturels de votre ambition! Vous m'auriez déshéritée si je ne m'étais pas soumise.

— Allons, allons, ma fille, c'était écrit là haut! que veux-tu? le mal est fait.

— Oh, oui! s'écria madame d'Arneuse, mais il ne s'agit pas de moi; tâchons de questionner Eugénie et d'apprendre la cause de cette rupture... Je veux que ce mariage-là se fasse, et il se fera! Maintenant Eugénie ne dira pas un mot, ne se permettra pas un geste, un regard que je ne l'aie ordonné. En conduisant ainsi l'affaire elle réussira peut-être !... après... cela ne me regardera plus.

Enfin, après de longs discours et une multitude d'hypothèses, madame Guérin termina en disant : « J'espère, ma chère amie, que tu ne rudoieras pas cette petite, elle est gentille !...

— Mais je pense, reprit madame d'Arneuse, qu'elle n'a pas à se plaindre ! Si j'ai un reproche à me faire, c'est de la traiter avec trop de douceur !... »

A ce moment, la porte du salon s'ouvrit et Eugénie parut; elle marchait lentement, les yeux presque fixes et une profonde terreur siégeait sur ce front qui, pour la première fois, exprimait des alarmes aussi cruelles.

Parvenue au milieu du salon sans rien apercevoir, elle se sentit saisir avec force par le bras, et sa mère, la conduisant devant une glace, lui dit d'un ton sévère : « Si M. le duc venait !... Voyez votre figure ? vous avez encore vos papillotes et vous faites peur !...

— Mais, maman...

— Chut ! lui dit madame Guérin, écoute ta mère.

— Eugénie, lui dit madame d'Arneuse, qu'avez-vous ? » Elle ne répondit pas. « Qu'avez-vous, Eugénie ?...

— Mais, maman, rien, je vous assure !

— Comment rien ? vous êtes triste, et M. le duc reste huit jours sans nous faire une seule visite...

— Eh, madame, puis-je le forcer?...

— Je sais fort bien, mademoiselle, que vous êtes assez gauche pour l'éloigner; mais que s'est-il passé entre vous? je veux le savoir!... » Eugénie garda encore le silence. « Eh bien, ajouta madame d'Arneuse en lançant à sa fille un regard terrible, répondrez-vous à votre mère?... » A ce moment Eugénie ne trembla plus comme jadis, et, soit que déjà son courage s'accrût avec les circonstances, soit qu'elle se sentît plus forte à la veille d'avoir un protecteur, elle regarda sa mère en face et lui répondit doucement : « Ah, ma mère! pourquoi me tourmenter?... »

Madame d'Arneuse se tourna vers sa fille, et, les lèvres presque blanches de colère, lui dit d'un son de voix dont elle chercha vainement à déguiser le trouble : « Le joug de votre mère vous est donc bien pesant pour lui parler ainsi ? vous croyez-vous déjà mariée ? Il faut mon consentement, mademoiselle ! ah ! je vous ai trop gâtée ! et voilà la récompense de mes soins : aucune confiance en moi, des reproches, des injures !... Ciel, est-ce donc pour nous punir que vous nous donnez des enfans !... Si Dieu vous en accorde, Eugénie, je ne souhaite pas qu'ils vous ressemblent... vous seriez trop malheureuse !... »

Eugénie pleurait à chaudes larmes; mais sans écouter ces témoignages de tendresse, sa mère ajouta : « Retirez-vous, mademoiselle, on ira vous chercher à l'heure du dîner. » Eugénie se leva, franchit avec rapidité les escaliers, les appartemens, afin de ne pas rendre les domestiques témoins de ses larmes, et arrivée dans sa chambre, elle trouva de la douceur à pleurer seule. Madame Guérin intercéda vainement en faveur d'Eugénie et vainement se rendit garant de son amour pour sa mère, le dîner se passa sans que madame d'Arneuse eût l'air de savoir qu'il y eût à sa table une créature de dix-sept ans, nommée Eugénie. Rosalie haussa plus d'une fois les épaules à l'insu des convives et la tristesse de mademoiselle fut le sujet entre elle et Marianne d'une longue discussion : tout ce qui se passait au salon produisait toujours un contre-coup à l'anti-chambre. Au reste, dans quel palais ce contre-coup n'a-t-il pas lieu, un maître aurait beau ne rien dire, ses laquais seraient muets.

La pauvre Eugénie, confinée dans sa chambre, se trouvait heureuse de pouvoir penser à Horace en toute liberté, lorsque madame Guérin vint l'y trouver : « Ma chère enfant, tu as fâché ta mère et il ne faut pas bouder ainsi les uns contre les autres, cela me fait mal, vois-tu?... Allons, viens, descends, prends ta jolie petite mine, ne sois plus sérieuse : tu entreras et tu commenceras par demander pardon à ta mère.

— Et de quoi?... dit Eugénie...

— Je n'en sais rien, répondit la grand'mère, mais demande lui toujours pardon, embrasse-la bien *gentiment*, faites la paix et ne la troublons plus. Ta mère en sait plus que toi, mon enfant, et tu dois l'écouter, ne pas la contrarier; elle est ta mère, ne veut que ton bien, ne peut que te donner de bons avis... viens, mon cœur... »

Elle entraîna Eugénie au salon, et la chère créature accourut à sa mère avec la candeur d'un enfant. Madame d'Arneuse tendit les joues à sa fille, après qu'Eugénie eut balbutié quelques mots vagues de : « reconnaissance, devoir, respect, etc., » et sans quitter son air de grandeur et de sévérité, elle dit avec un geste dramatique : « Me direz-vous maintenant pourquoi M. Landon...

— Maman, répondit Eugénie en l'interrompant, absolument rien...

— Allons, s'écria la grand'mère,

tu vois bien qu'elle ne sait seulement pas ce que tu veux lui dire... elle souffre de l'absence de M. Landon, et n'en devine pas les motifs, n'est-ce pas mon enfant? » Eugénie garda le silence et chacun l'imita. Mais ce traité de paix n'était qu'un armistice: au bout d'une demi-heure ces mots « Eugénie, allez vous habiller » prononcés froidement par madame d'Arneuse, furent un arrêt qui renvoya encore la jeune fille dans sa chambre.

A peine Rosalie commençait-elle la toilette de sa jeune maîtresse que Marianne annonça au salon M. le duc de Landon. A ce nom et en voyant paraître son gendre chéri, madame d'Arneuse, avec la rapidité de l'éclair, sut prendre un air gracieux et enjoué.—Eh, bonjour, *mon ami*, voilà un siècle que nous ne vous avons vu... Elle se leva, et, tendant la main à Horace, elle balança si bien sa tête que le duc se trouva forcé de l'embrasser. — Que vous est-il donc arrivé? j'ai été vraiment dans l'inquiétude.

— Et moi aussi, dit madame Guérin avec une sensibilité vraie. Horace ne pouvait que saluer de la tête. En s'asseyant, il baisa la main de madame Guérin.

— Daignez m'excuser, mesdames, dit-il, j'ai été indisposé, accablé d'affaires, de soins...

— Indisposé!... s'écrièrent à la fois les deux dames; seriez-vous encore malade? vous êtes changé! voulez-vous prendre quelque chose?

parlez? Qu'avez-vous eu? mon Dieu!

— Oh, rien, répliqua Laudon, bagatelles!.. Cependant son front se chargea de nuages en pronoçant ces paroles.

Madame d'Arneuse avait trop de finesse pour ne pas voir, à l'air et aux manières d'Horace, que rien n'était changé à la proposition de mariage, qu'elle subsistait dans toute sa force; et, sa gaieté revenant alors, elle déploya pour son gendre toutes les ressources de son adresse, toutes les ruses de sa coquetterie, croyant, comme une fée, décrire un cercle magique dont il ne sortirait pas.

— Eh je ne vois pas mademoiselle Eugénie, s'écria Landon aussitôt qu'il put se soustraire aux attentions de la marquise.

— Eugénie! répondit-elle en jouant la surprise, elle est chez elle. Cette chère enfant s'habille, elle est bien aimable! Au moment où l'on va perdre son unique bien, dit-elle en cherchant à connaître les intentions de son gendre, on lui trouve plus de charmes que jamais : tous ces jours-ci Eugénie a été vraiment étonnante, elle est d'une douceur, d'une sensibilité... Méchant, de nous enlever notre joie!..

— Vous l'enlever, madame! s'écria Horace avec une imprudente vivacité, j'espère que nous ferons une même famille.

— Bien, pensait madame d'Arneuse, je serai maîtresse chez mon gendre, j'aurai mes gens, mon hôtel, mes voitures, ma terre, etc. « Allons, dit-elle pénétrée de la plus vive joie, venez, que je vous embrasse, mon pauvre ami, j'avais besoin d'un fils tel que vous !.. Ah ! vous m'êtes bien cher !..

Madame Guérin lui tendit la main, serra la sienne, en s'écriant : « Mon cœur m'avait bien dit que j'aurais un petit-fils !..

Horace fut tout étonné de rester froid à ce manége et de ne rien sentir pour ceux qui lui offraient tant. Involontairement, il avait comparé cette scène à celle dans laquelle sir Wann lui offrit sa fille; ce souvenir le rendit morne et distrait.

— Souffrez-vous ? lui dit aussitôt madame d'Arneuse dont les soins se portaient toujours au physique.

A ce moment Eugénie entra, elle

salua Landon du plus doux sourire;
et, sans interrompre la partie d'échecs
que faisait sa mère, elle s'assit auprès
de madame Guérin de manière à
pouvoir contempler en paix son
bien-aimé: religieusement, elle examina
son visage, ses cheveux, ses
yeux, interrogeant son front, épiant
ses pensées, et quand leurs regards
confondus se parlèrent, Eugénie
sentit son cœur s'épanouir comme
une rose. Elle voyait là, non plus
celui que son cœur avait choisi tout
d'abord, mais un être paré de ce
charme que nous trouvons aux illustres
infortunes, une âme dont
toute la richesse lui était connue,
et alors elle s'écriait avec le Dante
entrant au paradis :

Oh gioia! oh ineffabile allegrezza!
Oh vita intera d'amore et di pace!
Oh senza brama sicura richezza!

Un premier regard, recueilli avec reconnaissance, ne semblâ-t-il pas lui dire : « Désormais tu seras pour moi une autre Wann-Chlore !.. » et alors, heureuse comme l'âme du juste qui, franchissant les cieux, arrive au séjour du bonheur, Eugénie resta plongée dans cette ivresse que le même poëte a si bien décrite en ces vers :

Ciò ch'io vedeva mi sembrava un rizo
Dell' universo. . . . .

Tout ne lui souriait-il pas dans l'univers?..

La cloche qui annonça le dîner la tirant de cette suave rêverie, elle se plaignit de la rapidité du temps.

Au dîner l'on convint de signer le contrat dans quatre jours et d'unir alors les deux amans. A cette convention, Eugénie tressaillit et resta stupéfaite de trouver de la douleur au milieu de sa joie.

Après le repas, la fraîcheur du soir invita les deux amans à la promenade; et madame d'Arneuse était trop politique pour ne pas les laisser libres : elle ne les suivit donc que de loin. Lorsqu'ils arrivèrent près du bosquet, Horace, montrant alternativement à Eugénie et son étoile chérie et l'astre des nuits, lui dit : « Vous comprenez aujourd'hui les paroles vagues que je prononçai quand nos cœurs s'entendirent ici pour la première fois!

— Aussi vous répéterai-je, Horace,

en vous montrant cet astre, que Wann est pure comme lui!

— Chère Eugénie, dit-il avec une profonde émotion, votre innocence vous empêche de concevoir le mal!..

— Ah! je me tairai volontiers!.. reprit-elle en retenant ses larmes. Eh bien, vous consentez donc à faire le bonheur d'Eugénie?.. Elle le regarda avec une simplicité touchante; et Landon, savourant le charme de cet aveu, se contenta de baisser la tête par un mouvement plein de grâce. Et Eugénie dit encore : « Oh, mon cher! oui, bien cher Horace, je n'entends rien à ces vaines cérémonies de la terre par lesquelles on imagine de lier à jamais deux cœurs qui s'aiment. Nous sommes seuls. Une de vos paroles, un simple mouvement des yeux me seront plus sacrés que toutes les pompes imaginables : jurez-moi de me protéger toujours, de vous laisser aimer par moi... de ne jamais repousser de votre sein une créature qui ne peut vivre que là... Je ne vous demande pas de me promettre un éternel amour, c'est folie, tant de circonstances... » Elle s'arrêta, des pleurs inondèrent son visage et elle s'écria : « Il y a dans mon âme une frayeur que je ne puis expliquer : je ne sais si elle vient de la force de mes sentimens ou s'il faut l'attribuer à cette scène... mais je tremble comme devant le malheur... et vous êtes-là... vous!..

Ils avaient, sans s'en apercevoir quitté le bosquet, le jardin, et, au milieu des champs, gravi une éminence assez élevée d'où l'on découvrait toute la campagne: la lueur de la lune était moins forte, ils se trouvaient comme au-dessus de la terre, et leurs yeux, levés vers les cieux ou l'un sur l'autre, leur laissaient croire à une scène aërienne. Ils se sentaient seuls, dans un de ces ravissemens que les amans seuls éprouvent et qui sont ce qui existe de plus délicieux. Le calme de la nature avait quelque chose de solennel et semblait l'interprète de leur cœur dans les momens de silence. Il y avait auprès d'eux une pierre couverte de mousse qui, s'élevant comme un monument, leur parut un autel digne de la simplicité de leurs sermens.

— Eugénie, dit Horace en s'emparant de ses mains et les pressant avec un sentiment qui, sans être l'amour brûlant qui le consumait pour Chlora, participait réellement à l'amour même; Eugénie, Wann-Chlore est, je le vois, un fantôme qui vous poursuivra sans cesse : écoutez-moi donc bien? Je forme, en vous baisant ainsi les mains (et il les embrassa), une amitié sainte, un lien d'amour que rien au monde ne pourra détruire; vous pouvez en jouir en paix: notre union sera inaltérable comme ce ciel pur, comme cette lumière douce, comme les traits de votre visage...

—Je vous crois, Landon, et puis me dire en ce moment la plus heureuse qu'il y ait au monde!... Elle appuya sa tête sur l'épaule d'Horace comme pour s'emparer sur-le-champ de lui et le duc la baisa au front avec la tendresse d'un amant. S'il avait pu songer en ce moment à l'enivrante joie que lui causa le premier baiser de Wann-Chlore, il aurait frémi!... Pour Eugénie, sentir les lèvres d'Horace se poser sur son front, fut une volupté céleste. « Maintenant je vis, dit-elle, maintenant je nais à une nouvelle existence et cette heure sera éternellement présente à ma pensée : elle sera le *charme* devant lequel fuiront mes craintes. Souvenez-vous-en toujours aussi... alors, elle me sera doublement chère!...

Ils revinrent à pas lents et silencieux ; mais l'harmonie de leurs pas, de leurs moindres mouvemens, leur annonçait déjà que cette sainte promesse les faisait marcher sous un même joug. Le silence avait régné entre eux jusqu'à la maison. Arrivés à vingt pas de la porte, Horace, ému comme Eugénie par les diverses sensations qu'il avait éprouvées et regardant cette jeune fille comme son seul espoir (il était sans parens, sans famille), la prit dans ses bras, la serra avec force, et, l'embrassant, lui dit : « Oh, oui, Eugénie, ne crains rien !... » A ce moment parut madame d'Arneuse qui, s'avançant d'un pas grave et dans une attitude comiquement imposante, s'écria : « Mes amis, mes amis, vous n'êtes pas sages !... » Elle crut remplir à merveille son rôle de mère, et cette phrase, son accent détruisirent soudain le charme auquel Eugénie et Horace étaient en proie : au milieu d'un divin concert une crécerelle avait crié.

— Vous avez raison, madame, répondit gravement Horace, douloureusement affecté de voir qu'il vivrait avec un être dont il ne serait jamais compris.

Pendant le temps qui s'écoula entre cette soirée et le jour du mariage, Eugénie eut bien encore des petites contrariétés : elle aurait maintes fois désiré aller se promener le soir avec Horace, mais madame d'Arneuse lui interdisait formellement de passer le seuil de la maison, car il était contre les convenances de laisser voir le bout du pied d'une jeune fille promise ; elle eut bien des momens d'orages, ils furent pour elle semblables au bruit de la pluie pour celui qui repose sous un toit hospitalier; un regard, une parole d'Horace guérissaient les égratignures faites par sa mère. Une nuit elle rêva même que Wann reparaissait et brûlait le palais habité par elle; mais elle secoua toute superstition en se voyant prête à saisir le bonheur.

Le jour du contrat Horace arriva de bonne heure; et, trouvant toute la famille réunie au salon, il jeta en riant une lettre à madame d'Arneuse et lui dit : « Si vous aimez les dignités, ma mère, et je vous soupçonne de ce crime de lèze-bonheur, vous aurez un gendre Général, Commandant de la Légion, Commandeur de

Saint-Louis, etc. — Un Commandeur! s'écria la marquise; à ce mot, l'ombre de l'ancien régime, exhumée de la tombe, apparut à ses regards; un commandeur!... elle voyait déjà des talons rouges.

La cause de l'avancement extraordinaire de Landon était très-simple. Il avait pour cousin le duc de P... Ce vieux seigneur, en rentrant avec le roi, n'oublia pas Horace; et, comme au retour de nos princes légitimes, on venait de réunir les deux noblesses; les deux armées sous la même enseigne par les mêmes faveurs, le duc de P... avait représenté qu'un militaire aussi distingué que Landon pouvait être comblé d'honneurs sans exciter d'étonnement: sa fuite d'Espagne, quand il revint à

Paris, attiré par la trahison de Wann-Chlore, étant présentée sous un nouveau jour, l'avait fait regarder comme un de ceux qui étaient restés fidèles au fond du cœur. L'éclat de son nom, le désir qu'avait le duc de P... de rendre sa famille puissante, tout contribuait à mettre Landon dans une situation politique très-brillante : son cousin l'avait peint comme un des fidèles soutiens du trône. Aussi le vieillard, charmé de la gloire militaire d'Horace, finissait-il sa longue épître en donnant à son cousin l'espoir de siéger bientôt auprès de lui à la chambre héréditaire. Eugénie, peu touchée de ces nouvelles, commença à découvrir des disparates entre son caractère et ceux de sa mère et de madame Guérin : elle ne partagea ni leur joie ridicule, ni leur enthousiasme.

Ce jour était alors un jour de triomphe pour tout le monde : Rosalie chantait victoire. « Les contrats signés, s'écria-t-elle, après sept mois de marches et de contremarches ! Est-ce là conduire une intrigue !

— Allons, mademoiselle, répondit le maréchal, vous serez maintenant mon chef de file.

— Je le sais bien, dit-elle en riant, aussi mes talens sont-ils récompensés ? M. le duc nous dote de huit cents livres de rente...

— Et je serai cuisinière d'une duchesse ! s'écria Marianne. La joie régnait partout.

Le 12 octobre 1814 fut le jour

désigné pour l'heureux jour du mariage. Pendant l'intervalle on forma la maison de madame la duchesse de Landon-Taxis. Nikel resta le valet favori, et Rosalie première femme de chambre. Marianne eut une pension ; et du reste, la maison d'Eugénie se composa des gens qui ressentaient ses bienfaits à Chambly.

Eugénie et Horace s'accordèrent à désirer de faire un voyage à la terre qu'ils possédaient en Bourgogne ; au mois de novembre seulement, ils consentaient à venir habiter leur hôtel à Paris. Landon abandonna à sa belle-mère le petit hôtel Landon, car madame d'Arneuse, dévorée du désir de reparaître à Paris, avait refusé, au grand contentement des époux, de les suivre à

Lussy. Elle fit observer que sa présence était utile pour diriger la restauration de l'hôtel Landon, le meubler au goût d'Eugénie, qu'elle consulterait pour la moindre tenture, les couleurs, les bois, les dorures, les étoffes, les meubles, etc.

Ces soins, ces détails annonçaient la plus haute opulence et Eugénie croyait rêver, elle demandait ingénument à Horace s'il ne se ruinait pas. Landon lui apprit que le vieux Guérard avait si bien administré ses revenus, que sa fortune était doublée, et ce vieil ami lui avait annoncé en outre qu'il tenait en réserve une somme de cinq cent mille francs pour les frais du mariage de son cher nourrisson.

— Nous serons donc à même,

dit Eugénie, de faire le bien !...

Au milieu de cette joie, madame d'Arneuse éprouva un chagrin violent: Landon n'offrait pas une épingle à Eugénie!... Cette aimable enfant l'avait exigé d'avance et en secret d'Horace; mais aux yeux de madame d'Arneuse un mariage sans corbeille ne devait pas être heureux. Aussi, quand, après bien des questions faites avec sa finesse ordinaire, elle apprit que cet ornement principal d'un mariage *comme il faut* manquerait absolument, elle dit en confidence à madame Guérin : « Il se dément un peu notre jeune homme, je ne l'aurais pas cru avare !... «Mais le lendemain les superbes présens, apportés par Landon aux deux dames, lui valurent les complimens les plus affectueux; et le soir, madame d'Arneuse dit à sa mère, avec un air de conviction : « Ne vous ai-je pas toujours répété qu'il était impossible de refuser à M. Landon une magnificence bien entendue ; en voyant seulement ses chevaux, cela se devine. »

La veille du mariage arriva, et Eugénie fut tout étonnée de l'intérêt que sa toilette et sa figure inspirèrent à ses deux mères. « Hé, ma pauvre enfant, lui dit madame Guérin en l'embrassant, j'aperçois à ta joue une petite tache rouge... viens, viens ! » et la grand'mère lui donna une eau souveraine pour faire disparaître ce défaut. A tout instant ses deux mères la regardaient avec une inquiétude mêlée d'intérêt. Parfois madame Guérin prenait les mains d'Eugénie et, les serrant avec tendresse, disait : « Pauvre petite !» Madame d'Arneuse la contemplait aussi en souriant et s'écriait : « Mon enfant, c'est pourtant demain!... » Rosalie, languedocienne qu'elle était, souriait en entendant ces discours. Cette tendresse du moment exprimée par mille réticences semblait voiler un mystère, et Eugénie était trop heureuse pour chercher à le deviner.

Rosalie et Nikel en étaient déjà à tu et à toi; Marianne prétendait même...; mais pure jalousie de femme!

M. Landon, ayant envoyé ses gens à Lussy et rendu sa maison de Chambly au propriétaire, coucha, la veille de son mariage, chez madame d'Arneuse ; alors tous les personnages de ce drame dormirent sous le même toit : dormirent ?... veillèrent !... et cette conduite n'était pas très-orthodoxe ; mais l'aspect de la couronne ducale avait dissipé tous les scrupules de madame d'Arneuse.

CHAPITRE XII.

A la pointe du jour Eugénie se leva pour examiner l'état du ciel; elle aperçut à l'horizon de gros nuages noirs qui annonçaient un orage : « Quel malheur, se dit-elle, que le temps ne soit pas beau pour notre voyage ! »

A ce moment elle vit entrer sa mère qui, s'asseyant auprès d'elle, lui dit : « Ma fille, M. le duc de Landon a voulu partir, après la bénédiction nuptiale, pour sa terre de Lussy, sans être accompagné de votre mère, j'ai cédé... (ce mot parut très-difficile à prononcer à madame d'Arneuse); c'est vous dire, Eugénie, que votre situation et la mienne sont tout à coup changées : si votre mère a fait plier sa volonté selon les désirs de votre mari, vous devez vous soumettre, vous, à ses moindres caprices. Cette conduite m'a déplu : il vous emmène loin de nous au moment où les soins d'une mère sont plus que jamais nécessaires ; alors je suis forcée de vous donner ce matin les avis qu'une mère doit à sa fille...

Là, madame d'Arneuse fit une pause, et Eugénie, pour la première fois, était tentée de sourire à l'aspect du masque de gravité mystérieuse qui couvrait le visage de sa mère— « Eugénie, reprit-elle, l'honneur d'une femme est son bien le plus précieux...

Madame d'Arneuse s'arrêta encore, et, jugeant qu'il fallait débuter par des généralités, elle dit à sa fille : — « L'honneur cependant sera maintenant d'obéir à ton mari en tout. Nous sommes toutes faiblesse, mon enfant, et c'est par la ruse que nous obtenons quelque pouvoir en ménage. — Oh! maman, je n'aurai jamais besoin de ruse, je l'aimerai !... voilà toute ma science: faire sa volonté sera mon plus grand bonheur... — Bien, ma fille, ce sont là les principes que je vous ai inculqués ; mais écoute : il n'y a pas de femme qui ne veuille être la maîtresse... Tu peux penser autrement en ce moment, mais ta mère a deux fois ton âge et connaît la vie : or je t'engage à bien suivre mes conseils, à n'en prendre jamais que de moi, et surtout, à toujours me dire ce qui se passera entre ton mari et toi, même dès le commencement de ton mariage; alors, nous prendrons des mesures, Eugénie, pour que tu puisse être tout-à-fait heureuse. Ah! ma chère enfant, il y a deux grands systèmes à suivre pour s'emparer du cœur des hommes : moi, j'ai débuté par les larmes, les attaques de nerfs, les vapeurs, et j'ai reconnu qu'il était infiniment plus aisé de leur imposer notre empire en saisissant le pouvoir avec audace et leur disant en face qu'ils ne nous valent pas. A force de leur répéter la même chose, ils finissent par nous croire, de guerre lasse... Tu sens que je ne te parlerai pas du parti de la douceur ; se soumettre est la plus grande sottise que puisse faire une femme...

A chaque instant Eugénie témoignait son désir de répondre, mais à chaque instant madame d'Arneuse lui imposait silence et continuait. « Ce n'est pas là tout, j'ai une foule de choses à te dire..........

En écoutant ce discours, Eugénie rendit grâce à Horace d'avoir exigé un mois de solitude à Lussy et son âme pure applaudit par instinct à la délicatesse de cette conduite.

Bientôt elle s'habilla comme le désirait Landon : ses beaux cheveux châtains se roulèrent en mille boucles, elle revêtit une robe de casimir blanc; et, dès le matin à neuf heures, accompagnés de madame d'Arneuse, de madame Guérin, de Rosalie et de Nikel, ils se rendirent à la mairie de Chambly et à l'église; puis à dix heures le postillon fit entendre son fouet. Une calèche de voyage attendait les deux couples.

Les adieux de madame la marquise d'Arneuse à sa fille et à son gendre formèrent une scène toute pathétique et jouée avec assez de naturel. Elle commença par serrer Eugénie dans ses bras et sut trouver quelques larmes qui firent un très-bon effet; puis, elle la regarda de temps à autre d'un œil morne, elle lui tendait la main et pressait la sienne avec un tendre sourire. « Pauvre petite !... » Enfin, quand Eugénie se leva, madame d'Arneuse la retint dans ses bras sans vouloir la rendre à Landon. Alors Eugénie, étonnée de ce luxe de tendresse, s'accusa d'avoir mal connu le cœur de sa mère.

Pour madame Guérin, elle était simplement affligée, et ne pouvait pardonner à son petit-fils l'idée bizarre d'emmener ainsi Eugénie : aussi, lorsque madame la duchesse de Landon fut partie, que les deux mères rentrèrent dans le salon désert, madame Guérin, regardant sa fille, s'écria :

— « Certes, tel n'était pas l'usage avant la révolution.

— Le jour qu'il nous a parlé des mœurs et du monde, je me doutais de tout ceci.

— Pourvu qu'il ne leur arrive rien !

— Pourvu qu'Eugénie ne soit pas malade, elle est faible !

— Quelle originalité de nous laisser seules et sans société !

— Pauvre petite, que va-t-elle devenir ! »

Telle fut la litanie de madame Guérin.

Celle de madame d'Arneuse était bien différente :

— « Je vais donc quitter Chambly !

— Nous allons habiter Paris et un bel hôtel.

— Je vais être occupée à monter la maison de ma fille !

— Recevoir des visites de toute ma famille et des parens de mon gendre !

— Enfin voilà Eugénie duchesse !

— Ah, c'est un beau mariage !

— Nous n'en pouvions pas faire un moindre.

— Eugénie a un long voyage à faire.

— Pauvre petite, que va-t-elle devenir sans moi !... »

Là, les deux dames se trouvèrent

sur la même note, et firent un duo qui, après bien des réflexions, se termina par ces phrases : « bah, Eugénie se tirera bien d'affaire !.. Elle fera comme nous ! La nature est une bonne mère. »

Bientôt elles se rendirent à Paris et s'installèrent avec joie au petit hôtel Landon. Là, elles reçurent la cour et la ville ; et ce fut bien autre chose : pour la marquise, les plaisirs, les réceptions, les attitudes de reine, la toilette, tout revint avec plus de fureur qu'au premier âge. A l'inconstance et aux caprices près, Marianne prétendit que madame n'avait pas eu un moment d'humeur. Elle rajeunit, et il n'est pas besoin de faire observer qu'elle partageait les sentimens et les opinions de la haute aristocratie : — « les d'Arneuse !.. Ah, les d'Arneuse!... Prrr, les d'Arneuse!

Enfin, pour bien connaître madame la marquise, laissons de côté son équipage aux armes des d'Arneuse, ne faisons pas mention du chasseur, des laquais en livrée rouge et or, et entrons dans le salon du petit hôtel Landon : voyons-le, non pas décoré avec cette simplicité noble qui indique la grandeur sans faste, l'opulence sans la petitesse du parvenu, mais orné de tapis précieux, de meubles dorés, de draperies rouges, et tel enfin que pourrait être le salon d'un prince : madame d'Arneuse est entourée de ses parens, qui, depuis peu, daignent la reconnaître et la voir.

Elle est mise, non plus avec cette mesquinerie dont elle rougissait à

Chambly, mais avec un luxe ridicule.
Elle porte une robe de velours bleu de
ciel; les dentelles, les fleurs, tout est
prodigué. « Madame, lui dit-on, vous
avez conclu pour mademoiselle d'Arneuse un très-beau mariage? — Monsieur, oui, M. le duc de Landon était
un parti sortable; j'en suis satisfaite,
d'autant plus que Landon est fort
bien : joli cavalier, les manières dou-
ces, aimable... » L'air dont elle accompagne ses paroles veut dire :
« Maintenant que la noblesse reprend
ses droits, une d'Arneuse aurait pu
trouver mieux !... »

Sur sa figure mobile comme celle
de Célimène, mille sentimens divers
se succèdent : elle sourit à l'un, reçoit froidement l'autre, écorche celui-là par un mot, caresse celui-ci,

change vingt fois d'expression et de caractère : elle est sérieuse, grave, et tout à coup vive, enjouée; elle politique et parle modes; détruit la charte et sappe une réputation; prend un air imposant, et ne retient pas une idée triviale, reste de son éducation première. Elle est spirituelle, fine, occupe tout son salon d'elle-même, règne, contente une foule d'esprits superficiels et à peine se trouve-t-il un seul cœur qui la juge! Née pour le faste et la grandeur, son génie est dans le monde comme dans un élément. Celui-ci la croit franche, celui-là la trouve dissimulée. Elle ressent vivement. C'est la corde qui dans le feu pétille, s'élance, se tourne, se retourne; à l'humidité, s'assouplit, se plie, s'allonge, s'amollit, et qu'un souffle d'été détendra tout à coup. Enfin, à l'examiner froidement, on devine, dans le mouvement excentrique qui l'agite, le besoin qu'elle éprouve de se fuir elle-même : elle ne peut pas vivre avec son cœur, parce qu'il est vide, avec son âme, parce qu'elle est sèche.

Madame Guérin, simplement mise, est reléguée dans un coin : heureuse quand elle trouve un notaire, un avoué (les affaires exigent quelquefois leur présence), ou l'un de ces jeunes gens qui ne connaissent pas encore le monde, alors elle s'en empare avec adresse et réussit quelquefois à faire sa partie. Le soir, quand le salon est vide, madame d'Arneuse entrevoit sa mère : « Hé bien, maman, avez-vous fait votre boston?

— Oui, M. Giraud...

— Oh! quel nom allez-vous chercher là ; mais est-ce que je reçois de ces gens-là, moi ?...

— Mais il est notaire...

— Eh! qu'est-ce qu'un notaire ? madame... Quand Eugénie sera de retour, il faudra balayer mon salon, et que mon gendre n'y trouve que d'honnêtes gens. » A ces mots elle salue sa mère, et madame Guérin se dit : « Toujours la même... » Elle gémit, mais elle l'aime : c'est sa fille, la seule qu'elle ait eue, c'est l'arbre auquel elle s'attache, son asile, le seul être au monde qui s'intéresse à elle !...

Au moment où Eugénie monta dans la calèche de M. Landon, et qu'elle fut entraînée vers la Bourgogne, elle entra dans un nouveau monde. Voyager avec celui qu'on aime, voyager rapidement; se sentir emporté par un même mouvement, et comme dans un nuage; voir des pays entiers; l'aurore se lever, le soleil se coucher chaque fois sur des sites nouveaux, et avoir pour point de vue un horizon immense; pouvoir, à l'aspect d'un charmant paysage, d'une côte vineuse où mille voix célèbrent l'auteur de la nature en chantant la vendange; se saisir d'une main chérie, et, sans dire un mot, faire tout entendre par un regard; éprouver enfin dans la vivacité de cette vie errante la même vivacité qui anime notre âme et agite le cœur plus fortement qu'en aucune saison de la vie, telle est la peinture imparfaite du bonheur d'Eugénie. Elle goûtait pour la première fois une volupté pure et sans mélange, la voix de sa mère ne retentissait que par souvenir à son oreille. Elle se sentait comme allégée d'un fardeau, heureuse enfin! Joignez à cela l'amour des regards, la confiance des âmes, la pureté des caresses, la volupté des moindres paroles... et, si leurs yeux tombaient sur d'autres êtres, ils voyaient Nikel et Rosalie heureux et sans nul souci.

Traverser ainsi d'une manière aérienne les campagnes de la Bourgogne, arriver à Lussy, fut pour Eugénie un bonheur inexprimable : souvent elle versa des larmes de joie sur le sein d'Horace; et Landon goûta la félicité nouvelle pour lui de se sentir aimé plus qu'il n'aimait lui-même.

Il avait presque oublié Wann-Chlore, et Eugénie vit errer sur ses lèvres un rire franc et dégagé de mélancolie. Loin de tous les yeux ils se livrèrent à leur amour avec toute la fougue des premiers désirs. N'existe-t-il donc pas de grandes et de nobles âmes qui conçoivent le bonheur sans satiété ? Bien étroit est le cœur qui ne contient pas l'immensité du véritable amour !

Eugénie aurait bien voulu toujours vivre loin du monde auprès de son bien-aimé. Cette solitude, hélas ! était pleine : la moindre fleur qui, la veille, s'épanouissait à leurs regards, devenait un souvenir pour le lendemain, et Eugénie s'entourait ainsi des monumens de son amour : il y en avait une foule, elle ne prononçait pas un mot sans entendre un écho, ne jetait pas un regard qui ne fût un bonheur. Ce désert était peuplé de riantes images. Mais les lettres de sa mère se succédèrent si pressantes, qu'Eugénie, après quatre mois, fut obligée de retourner à Paris. Elle y revint avec douleur, et quand sa voiture roula entre ces rangées de maisons si tristes, elle eut un pressentiment de malheur qui se dissipa promptement à la voix chérie d'Horace. Eugénie surprit agréablement sa mère en lui annonçant une grossesse. Madame d'Arneuse accueillit sa fille avec tant de joie et de tendresse, qu'elle ne remarqua pas tout d'abord le changement prodigieux opéré par Landon dans l'esprit et les manières d'Eugénie. En revoyant après quatre mois une fille dont la situation dans le monde, la beauté, la richesse, étaient pour elle des titres de gloire qui flattaient si fortement son amour-propre, madame d'Arneuse lui prodigue des soins *presque maternels*. Elle fit observer à Eugénie avec quel scrupule elle avait suivi son goût et ses désirs, pour l'ameublement de son hôtel et ses équipages; elle l'initia aux mystères de la société au sein de laquelle elle vivait; lui raconta ses plaisirs, sa vie, espérant bien partager avec sa fille les joies de la frivolité, les pâles illusions du monde.

Alors, durant ce premier mois, madame d'Arneuse, enivrée, ne vit pas tout de suite qu'Eugénie d'Arneuse était devenue madame la duchesse de Landon. Ce n'était plus cette jeune fille craintive et timide, mais une jeune femme pleine de charme, d'une raison éclairée, ferme surtout dans ses résolutions courageuses. Elle s'exprimait avec grâce, avait donné l'essor à des manières nobles et attrayantes, Landon enfin, dans le désir de la soustraire à l'autorité maternelle, lui avait inspiré la conscience de sa propre valeur et de sa force. Loin de partager l'enthousiasme de sa mère à l'aspect de son hôtel et de ses gens, elle examina tout froidement et parcourut ses appartemens sans étonnement. Elle administra sa maison avec une facilité, une prestesse, une habitude qui lui étaient naturelles. Elle se rendit au cercle de sa mère, comme son devoir l'y obligeait, mais sans le fréquenter;

et eut soin de s'y tenir comme étrangère, pour faire sentir qu'elle laissait sa mère maîtresse dans son salon pour l'être dans le sien. Bientôt ce changement total, cette indépendance, cette séparation dans les intérêts étonnèrent madame d'Arneuse, et à la fin de l'hiver, elle fut toute surprise de voir sa fille rester au coin du feu avec son mari, au lieu de la suivre chez la Catalani et au bal.

Alors, en montant en voiture avec madame Guérin, elle lui dit : « Je ne sais pas, mais je trouve Eugénie prodigieusement changée.

— En mieux, répliqua la grand'mère.

— Non, répondit madame d'Arneuse; elle a oublié que je suis sa mère et n'a plus d'attentions pour moi! Demoiselle, elle était mieux... Son devoir ne l'obligeait-il pas à me suivre? Elle est d'une réserve ridicule! ah! je me souviendrai long-temps du silence imperturbable qu'elle a opposé à toutes mes questions, quand, à son arrivée, je lui demandais de me dire tout ce qui s'était passé entre elle et son mari. Là, elle m'a blessée au cœur.

— Eugénie est chaste! dit madame Guérin avec émotion.

— Je suis sa mère! répondit madame d'Arneuse en prenant un air de dignité.

— Quand une fille est mariée, ma chère, il ne faut jamais l'accuser, car un mari...

— Ne doit pas l'emporter sur les sentimens qu'elle me doit! ajouta madame d'Arneuse en interrompant. Madame Guérin se tut en voyant régner sur la figure de sa fille une sévérité redoutable.

L'amitié de madame d'Arneuse pour sa fille et son gendre avait atteint le plus haut degré auquel des êtres vivans pouvaient aspirer. La marquise était arrivée sur un sommet trop élevé pour s'y maintenir, il fallait absolument en descendre, ne fût-ce que pour se trouver dans la nature; mais elle allait aussi vite vers le Zenith que vers le Nadir et il y avait tout à craindre en ce moment pour Eugénie et Landon. En effet, la noblesse du maintien d'Eugénie devint roideur; le soin qu'elle prenait de gouverner sa maison, défiance de sa mère; ses manières, de l'orgueil : son rang l'aveuglait; elle écrasait sa mère par son faste; un dîner donné sans que madame d'Arneuse y assistât, indiquait le mépris de ses parens; enfin, les rapports qui existent entre une mère et une fille, séparées par une cour, s'envenimèrent et furent d'autant plus pénibles pour madame d'Arneuse qu'elle se trouvait arrêtée comme par un rempart d'airain quand elle essayait de reprendre quelque empire sur sa fille. Alors, examinant la différence de la situation d'Eugénie à Chambly ou d'Eugénie à Paris, vinrent des plaintes sur l'ingratitude des enfans, la philosophie du temps, les mœurs, le peu de religion du siècle, etc. Ces idées germèrent dans sa tête et produisirent un mécontentement sans cause raisonnable. Il semblait qu'elle fût contrariée d'un bonheur constant. Alors, à la fin du mois de mai, un an après la scène décrite au premier chapitre de cette histoire, madame d'Arneuse devint froide et sévère avec sa fille ; et, cependant elle habitait Paris, menait une vie conforme à ses goûts ; mais il y eut cette différence qu'Eugénie ne souffrait plus des caprices de sa mère.

Trois mois se passèrent ainsi sans que les attentions d'Eugénie eussent apaisé madame d'Arneuse, et Landon conservait avec sa belle-mère un tel *decorum* que, malgré son envie de se fâcher contre lui, elle ne pouvait rien trouver à redire à sa conduite.

Eugénie et Horace, liés par le même amour, heureux chaque jour d'un bonheur nouveau, s'amusaient de l'humeur de leur mère, en s'étonnant du malheur de certaines constitutions; car ils avaient remarqué qu'il était impossible d'accuser le cœur de madame d'Arneuse, il fallait plutôt s'en prendre à la nature de ses organes et au hasard.

Un soir, madame d'Arneuse, recevait des complimens sur le bonheur qu'elle devait éprouver à voir sa fille tenir dans le monde un rang distingué et jouir d'une considération flatteuse.

— « Ah, madame! répondit-elle, si le monde est satisfait, je n'ai rien à dire. » Eugénie, en entendant ces mots, eut de la peine à retenir ses larmes. Quand le salon fut vide, la duchesse étant seule avec sa mère et madame Guérin, demanda l'explication de cette phrase. La question, faite avec un espèce de crainte, sembla rendre à madame d'Arneuse toute sa supériorité; et, sans prendre garde au mal qu'elle pouvait faire à une jeune femme sur le point d'accoucher : « En quoi vous m'avez déplu, ma fille!... s'écria-t-elle, en rien... non, en rien : seulement vous vous affranchissez chaque jour de vos devoirs, et moi, bonne que je suis, je le souffre ; vous n'avez plus aucune affection pour moi ; les grandeurs vous tournent la tête. Madame va à la cour!... Madame voit des diplomates, des ministres; cette société l'a rendue tout à coup une femme d'état ; vous dirigez votre maison sans me demander un conseil : aussi tout y va de travers. Vous promettiez une femme aimable, douce, gentille ! vous êtes fière... vous ne connaissez que votre mari, vous l'aimez bourgeoisement; je ne sais quelle folie m'a ravi le cœur de ma fille... Un jour vous saurez ce que vaut une mère ! Vous verrez que son cœur est toujours le même : et, un jour vous en aurez peut-être besoin... Vous *me retrouverez* Eugénie ; vous aimer avec constance sera ma seule vengeance. *On peut perdre un mari*, une mère est immuable dans sa tendresse... »

Eugénie, à ces sinistres prophéties prononcées avec enthousiasme, jeta un cri d'effroi. Elle regarda sa mère qui, les bras levés, l'œil en-

flammé, la parole éclatante, ressemblait à une devineresse expliquant un songe; alors madame Landon arrêta sa mère par son cri et lui dit:
« Ma mère... pouvez-vous m'affliger ainsi?.. Perdre mon mari! m'accuser de l'aimer! me reprocher un sentiment si naturel; n'est-ce pas un devoir écrit dans mon cœur?

— Vous pourriez bien dire, reprit madame d'Arneuse, que vous tenez ces principes de moi... je me suis donné assez de peine à vous former, pour que vous me rendiez justice...

— Madame, répondit froidement Eugénie, je n'oublierai jamais ce que je vous dois; mais si, en vous rendant mes devoirs, je viens essuyer de tels reproches, ils sont trop pénibles et trop peu mérités pour que je ne me les épargne pas...

— Madame!... répéta ironiquement madame d'Arneuse, madame!... une mère!... une mère qui l'a faite duchesse! »

A ces mots, Eugénie embrassa sa grand'mère, s'approcha pour embrasser sa mère, mais madame d'Arneuse se recula d'un pas, et madame Landon sortit les larmes aux yeux.

L'imagination de madame d'Arneuse lui représenta sa fille comme perdue pour elle... — « Mais qui l'avait ainsi perdue?... Horace!.— Hé, sans doute, se dit-elle un matin, c'est lui! il serait désolé si la mère et la fille s'accordaient et si Eugénie écoutait mes avis : il est la cause de nos malheurs... (car c'étaient déjà des malheurs)! Alors elle dressa le catalogue des défauts de son gendre, les compta, les grossit à son microscope; et tout à coup son langage changea: Eugénie rentra en grâce. — « Oui, sa fille était heureuse du côté de la fortune et des honneurs, mais son mari n'avait pas un caractère aimable; il était d'une humeur inégale, difficile à vivre, jaloux, jaloux au point de lui enlever, à elle, le cœur de sa fille... La pauvre petite souffrait... » Elle essaya de morigéner Horace comme s'il eût été son fils, et Horace s'amusa des efforts de sa belle-mère, en lui représentant qu'elle jouait la comédie. Le dédain de son gendre l'humilia; elle attendait une résistance sérieuse : alors que de griefs s'amassèrent contre lui ! que de plaintes répétées à l'oreille des bonnes amies et sous l'éventail ! « Mon gendre, c'est un homme sans procédés ! rendre sa pauvre petite femme, un enfant, grosse, le premier mois de son mariage, ne pas lui laisser le temps de faire la demoiselle... Il ne l'aime pas, c'est un égoïste, ma chère ! Il est jaloux, même de moi !... Oh ! il faut vivre avec les gens pour les connaître. Je n'ai cependant pas à me plaindre de lui, ma chère ; il est respectueux avec moi et rend même ma fille heureuse : on ne peut pas peindre ces nuages qui troublent une famille !... Enfin il m'a enlevé le cœur de ma fille, elle en souffre... je ne peux pas lui donner un avis, un conseil ; elle est obligée de faire à sa tête... Excellent mari, du reste, mais original comme tous les hommes. Enfin, le croiriez-vous! ils vont à la cour comme ils veulent, il ne m'y ont pas menée une seule fois, une d'Arneuse!... C'est une bagatelle, mais elle donne l'idée de leur conduite...

Sa bonne amie la quitte pour danser et se trouve interrogée par une autre bonne amie. — Que vous disait donc madame d'Arneuse? — Ah, ma chère! une folle!.. cette femme-là n'est jamais contente; sur un lit de roses elle trouverait un pli... — Est-ce que son gendre n'aime pas sa fille?...

— Si.

Admirable sexe, qui fait à coups de langue ce que les coups de pistolet ont tant de peine à réparer!

Par ces propos et mille autres, madame d'Arneuse sappait sourdement la réputation de son gendre, et le duc s'aperçut, trop tard peut-être, de l'importance que pouvaient acquérir de tels discours. En épousant Eugénie il avait juré de prendre soin de son bonheur, de veiller à sa tranquillité, et il voyait avec peine que le dédain qu'il affectait pour les manœuvres de madame d'Arneuse ne l'empêchait pas de redoubler ses efforts pour essayer de ressaisir quelque pouvoir sur sa fille. La duchesse souffrait déjà de cette mésintelligence intérieure et Horace résolut d'imposer silence à sa belle-mère. Il serait difficile de déterminer les causes de la scène qui eut lieu quand il voulut s'expliquer; les acteurs eux-mêmes perdirent le souvenir de ces premières paroles, que les regards, les intentions, les gestes enveniment, et de ces nuances qui vous font passer d'une phrase aimable à une réponse ironique, de l'ironie à la plainte, de la plainte à l'irritation. Madame d'Arneuse aimait assez de semblables scènes, soit par besoin d'émotions, soit pour déployer l'âpreté de son caractère. On eût dit en effet qu'elle cherchait une discussion comme les âmes fortes cherchent les dangers. Madame d'Arneuse fut vivement choquée de s'entendre dire par son gendre : « Que quand dans une famille une personne se donnait involontairement des torts, ou se conduisait mal, *les honnêtes gens* avaient pour principe de couvrir cette plaie d'un manteau protecteur, loin de prendre le public pour confident

d'une douleur dont il se moquait. »
Enfin lorsque Landon, poussé par sa belle-mère, déclara qu'il voulait que sa femme restât maîtresse absolue chez elle, et que tout lien entre elle et sa mère fût rompu, « Je vous entends, répondit madame d'Arneuse, je suis de trop dans votre hôtel, je vous gêne, je ne suis pas digne de vous... Soyez tranquille, je ne vous importunerai pas long-temps.

— Ma mère, vous ne nous importunez jamais et vous donnez un autre sens à mes paroles.

— Oui je sais que je prends tout de travers : lorsque ma fille refuse, par votre ordre, de me présenter chez l'ambassadeur de Naples, j'ai tort; il faut croire, qu'elle m'y présente et de bon cœur... » Là, elle commença le tableau de tous les griefs inconnus qu'elle avait dessein de reprocher à son gendre, et Landon impatienté ne put se défendre de lui peindre la cruelle mobilité de ses affections en lui rappelant quelques traits qui prouvèrent combien Eugénie avait souffert dans son enfance. A ce moment l'inimitié de madame d'Arneuse devint terrible. Elle résolut de se séparer pour toujours de son gendre et de sa fille : « Son cœur, disait-elle, était ulcéré, elle ne voulait jamais les revoir. »

Par une volonté expresse de Landon, le bien d'Eugénie était resté à madame d'Arneuse; et lorsqu'elle se vit établie au petit hôtel Landon, elle avait réalisé la fortune de sa fille et celle de sa mère, afin d'acheter la terre d'Arneuse qui, par un hasard extraordinaire, était alors en vente, et les cent mille écus de la marquise ne suffisant pas aux frais de cette acquisition, Landon avait donné cent mille francs à sa belle-mère pour lui procurer la jouissance de posséder son ancien fief en entier. C'était donc à sa terre d'Arneuse qu'elle comptait se réfugier, suivie de madame Guérin à laquelle elle avait fait épouser son ressentiment. En apprenant ce projet, Landon se mit à rire, espérant bien que les plaisirs de Paris et les couches d'Eugénie, ramèneraient bientôt la marquise au sein du tourbillon où elle trouvait la vie.

Le lendemain de cette explication et pendant que madame d'Arneuse faisait ses apprêts, Landon et sa femme eurent soin de lui laisser le champ libre en s'absentant de la maison où leur situation était si fausse et si pénible. Le soir, Horace et Eugénie allèrent se promener à pied et le hasard les conduisit vers le boulevard Saint-Antoine.

« Eugénie, dit Horace à voix basse et en tremblant, c'est là que pour la première fois j'ai rencontré Wann-Chlore!... et il lui montrait l'endroit même où Salvati lui avait dit : « Tu n'as pas vu cette jeune fille? »

La duchesse frissonna et ne répondit rien. Cette phrase eut quelque chose de sinistre pour elle. A ce moment même et au nom de Wann-Chlore, un homme appuyé sur l'arbre même qui servait de monument à Landon pour reconnaître cette place, se leva et passa lentement devant eux. La faible lueur qui éclairait alors le boulevard donnait à cette figure l'apparence d'une ombre, mais d'une ombre terrible. Elle se dessina dans l'obscurité comme le spectre vengeur qui poursuivait Oreste. Eugénie pressa le bras d'Horace, et Horace remarqua comme elle la pâleur de l'inconnu, sa maigreur, la difficulté de ses mouvemens, le feu de ses yeux, la bizarrerie de son attitude, la douleur des gestes, la terreur du front : en lui tout était sombre. Bientôt à l'étonnement de la duchesse succéda un effroi cruel en voyant cette figure s'agiter, suivre leurs pas, les regarder avec des yeux inquiets, semblable en tout à un mauvais génie qui décrirait de longs cercles autour de sa proie avant de s'en saisir. Landon sentant Eugénie trembler, se pencha comme pour l'interroger : « J'ai peur! » dit-elle. Ensemble ils s'empressèrent de marcher plus vite pour fuir l'inconnu et l'inconnu vola sur leurs traces. Landon apercevant Eugénie pâlir, s'arrêta soudain et se retourna vers leur persécuteur pour le forcer à se retirer. Au moment où Landon et l'étranger se regardèrent fixement, Eugénie senfit tout le corps de son mari frissonner comme à l'approche d'une fièvre et il resta muet, immobile. La duchesse stupéfaite essaya de contempler l'horrible figure, elle fut contrainte de baisser les yeux devant cette sauvage expression de la Mort. L'inconnu semblait cloué sur le soi, et lui aussi gardait le silence. Enfin il tendit sa main à Horace, et Horace la prenant, s'écria : « Est-ce bien toi !...

— Oui, c'est moi !.. répondit Annibal d'une voix mystérieuse et sinistre. Après avoir prononcé ces mots, il regarda tour à tour Horace et Eugénie, et cherchant avec peine une lettre cachée dans son sein, il la tendit. Alors sur ses lèvres flétries vint errer un sourire satanique peignant tout à la fois le désespoir du damné, ses remords et l'horrible jalousie que lui cause la vue des anges de lumière. Horace prit la lettre sans avoir la force de dire une parole. Annibal se pencha vers l'oreille de son ami et ajouta à voix basse ; « — Je vais à ton hôtel... tu me trouveras dans mon appartement, » puis il disparut avec la rapidité de l'éclair.

« — Quel est cet homme!... » demandait Eugénie à Horace pour la seconde fois et Horace n'entendait pas. Il avait serré cette lettre dans son sein et marchait en proie à la terreur. La duchesse, renfermant ses craintes au fond de son cœur, respecta le silence de son bien-aimé. Landon monta en voiture et se rendit promptement à l'hôtel. En arrivant, le duc prit son vieux concierge à part, et lui dit : « — Vous n'avez pas sans doute encore vu Annibal? » Le concierge fit un signe négatif. « Eh bien ! préparez son ancien appartement, et quand il viendra, vous le conduirez vous-même sans répondre aux questions qu'il pourrait vous adresser. Je vous charge de recommander le même silence à Nikel, qui m'avertira sur-le-champ de son arrivée. »

Le duc trouva dans la cour Eugénie qui l'attendait avec anxiété, et, pour la première fois, Landon se plaignit en lui-même de l'amour d'Eugénie : il regretta d'avoir vécu dans une telle intimité qu'il lui fût devenu impossible de dérober à sa femme une seule démarche. Il essaya de ne pas voir les regards pleins d'amour et de soumission qu'elle jetait silencieusement sur lui et fut forcé d'admirer sa réserve. Ils arrivèrent ensemble dans leur appartement; et, là, Landon, n'osant pas renvoyer Eugénie, se mit à lire, loin d'elle, la lettre suivante :

Lettre d'Annibal Salvati à Horace Landon.

Tours......

Mourir, oh, oui, mourir lorsque la conscience vous assassine, quand le cœur est mort, que l'air vous étouffe, que la lumière est odieuse, mourir est un bienfait céleste ! Combien de fois n'ai-je pas convoqué l'affreux cortége de la mort et... la flatteuse voix, les rians mensonges de la folle Espérance m'engageaient à poursuivre ma route. Aujourd'hui plus d'espoir ! mon infamie remplit l'univers, je ne pourrais marcher sans entendre une voix terrible qui crie : « Voici Caïn ! » Un regard s'arrête-t-il sur moi, je voudrais m'ensevelir dans les profondeurs de la terre. J'ai vécu cent ans, mourons! Ah! cette idée rafraîchit mon cœur! La tombe est silencieuse, plus de reproches; elle est obscure comme la nuit, je ne verrai plus Wann-Chlore! Ce soir la sirène a prononcé mon arrêt: « Sortez! a-t-elle dit. Oui, je vais sortir...

« Après quinze mois, infernale créature, après quinze mois passés près de toi, après avoir espéré chaque jour de te plaire, tu te lèves terrible et menaçante, semblable à l'ange qui, de son épée flamboyante et de ses yeux éclatans, défendait à l'homme l'entrée du Jardin. Ah! que cet écrit me serve de testament et qu'il apprenne à l'étranger quelles mains ont creusé ma tombe: qu'il frémisse!

« Hélas! pendant quinze mois, j'ai essayé de charmer la solitude de

Wann-Chlore, de la plus aimable, de la plus touchante des femmes... Chaque jour j'arrivais et d'une voix amie j'adoucissais son chagrin. O supplice! j'étais dévoré des flammes du désir et je couvrais ma passion insensée sous les dehors d'une sincère amitié. Elle demeurait froide et sévère environnée de mes feux. Elle a vu ma vie lentement dépérir, la fleur de mes jours se faner, sans me dire, « ami souffres-tu? » sans même me consoler par un regard. J'ai désiré souvent entendre ses chants divins et les magiques concerts de sa harpe... La mort aurait desséché ses doigts avant qu'ils eussent effleuré les cordes harmonieuses... Sirène!.. Pourquoi donc es-tu de ces femmes devant lesquelles on n'ose se livrer à la frénésie de l'amour?.. Que de fois j'ai voulu la tuer pour l'emmener avec moi dans les sombres régions de la mort, au milieu de l'affreuse étreinte d'un baiser plein d'amour et de désespoir!.. Hélas! je concevais bien ce nouveau crime, loin d'elle ; mais comment le consommer, elle est imposante comme le Dieu d'Horeb, et de Sinaï!... Tout à l'heure, poussé par la passion, le désespoir, le désir, je suis tombé à ses pieds ; je les ai mouillés de mes larmes ; j'ai parlé, j'ai raconté les douleurs d'un amour qui me dévore depuis cinq années ; j'ai dépeint ce long supplice, sans qu'une seule de mes paroles ait pu blesser sa craintive innocence. — « Taisez-vous! » Je me suis tu. J'ai fait un geste d'horreur. — « Sortez! » Je

suis sorti, je ne la reverrai plus!...
J'ai dit adieu à la vie.

« Elle attend son bien-aimé avec confiance. — « Il reviendra! dit-elle avec la voix, le geste, le regard d'une prophétesse; et c'est moi! moi qu'elle prend à témoin du retour de son amant. — Il reviendra! » Il reviendra, cruelle, si je veux!..

« Si je veux!.. Horace! ombre chère et sacrée, ami que j'ai tant outragé, tu m'apparais et voilà que je pleure!.. Ah! c'est à toi que je dois adresser cet écrit funèbre, il t'apportera tout à la fois la joie, la joie enivrante de savoir que Wann-Chlore ne t'a jamais trahi, et la douleur d'apprendre la mort d'Annibal. Que dis-je la douleur?.. Si tu me voyais, ta main vengeresse ne se plongerait-elle pas justement dans mon sang?.. Ne suis-je plus Caïn, n'ais-je donc plus assassiné mon frère?..

« Reçois donc en expiation de mes crimes, l'horreur et le désespoir de toutes les nuits passées dans le chagrin! Accepte, en réparation de mes offenses, les angoisses de cinq années, angoisses affreuses, car j'éprouvais à la fois tes douleurs et les miennes; mais non, rien ne peut expier mes crimes, ils sont aussi grands que mon désespoir. Écoute : il me reste à te faire l'aveu de ma trahison, et j'aurai quelque mérite à tes yeux en me refusant à cette horrible tentation, qui me tourmente encore, de tuer Wann-Chlore... Je te la laisse, brillante de beauté, de vie, d'espérance, d'amour. Va, elle t'a cruellement vengé!

Jadis, en me prenant pour confident de ton amour, tu as allumé dans mon cœur cette passion qui a causé nos malheurs... La jalousie m'a dévoré, j'ai aimé Wann-Chlore!

Oh, frère! long-temps j'ai lutté, long-temps j'ai combattu mon amour par des moyens infâmes: je me suis abruti par l'usage des liqueurs fortes: ivre, je voyais Wann-Chlore; j'ai joué, j'ai perdu la moitié de ma fortune: quelquefois, gagnant et perdant tour à tour des monceaux d'or, à travers les râteaux, les cartes et les figures infernales des joueurs, Wann-Chlore me souriait. Alors, j'ai voulu t'assassiner... oui, je l'ai voulu.

« Une nuit, je suis entré chez toi, tu dormais!.. Te voir dormir et t'entendre au sein de la nuit murmurer mon nom quand j'étais là, un stylet à la main... j'ai molli. Le démon m'a attaqué avec d'autres armes, et sa voix, je crois, m'a conseillé un plan diabolique qui n'a que trop bien réussi.

« Après avoir étudié l'écriture de Wann-Chlore avec un patience incroyable, je suis parvenu à écrire comme elle... Toutes les lettres que tu as reçues pendant ton séjour en Espagne sont fausses, et j'ai mis une sorte de gloire à composer cette correspondance, dans laquelle le sublime amour de Wann-Chlore a décru jusqu'à l'indifférence par des nuances imperceptibles.

« J'ai commencé cette intrigue peu de temps après la mort de sir Wann. car, si Wann-Chlore n'avait pas été sans guide et comme livrée à mes coups, vous ne m'auriez plus revu, j'eusse été mourir en de lointains climats; mais l'arrivée de sir Wann et de Cécile m'a donné les moyens de réussir et l'espoir a brillé à mes yeux comme une lueur d'incendie.

« En effet, l'heureuse Cécile était aimée de sir Charles C..., et je conçus l'audacieux projet de te faire croire que sir Charles était l'amant de Wann-Chlore.

« Hélas! de loin je pouvais agir en toute liberté et t'abuser à mon gré: mais quel écueil que ta présence!.. Pouvais-je t'empêcher de venir toi-même reconnaître cette prétendue trahison de Wann-Chlore! et je continuais...; oui, je marchais vers mon but, incertain du succès, mais aveuglé par la folie; un regard de Wann-Chlore m'enivrait ! enfin j'espérais qu'un boulet t'emporterait, que le climat ou un Espagnol t'assassinerait. Ce vœu parricide s'est cent fois reproduit sous ma plume, et alors je t'écrivais avec une joie infernale : « Horace, prends bien garde à toi ! défie-toi des Espagnols, même amis, etc. » J'imaginais te porter malheur en te donnant souvent de semblables avis.

« Bientôt je découvris la grossesse de miss Cécile, et j'appris que Wann-Chlore se dévouait entièrement pour sauver sa cousine de la fureur d'un père. Hélas! par quelles expressions te peindre la scène sublime qui eut lieu entre les deux cousines? Caché dans les replis des rideaux de leur appartement j'en fus le témoin invisible.— « Cécile, disait-elle, si ton père découvrait ton amour, songe que je prends sir Charles pour mon amant ; ton enfant sera le mien ; ce sera moi qui te louerai près de Paris une maison, pour te dérober à tous les regards ; je te couvrirai de mon corps et... mon honneur ne court aucun danger... Je connais Horace, devant lui, j'avouerais sir Charles pour mon amant, un sourire lui dirait que c'est un jeu ! »

« Une lettre pleine d'amour t'instruisait de ces événemens, je la remplaçai par les écrits qui devaient t'amener sur ce théâtre au moment où je jugerais que ta présence ne nuirait pas au succès de cette fatale intrigue.

« Lorsque sir Charles C... se vit au moment d'être père, il courut implorer sa famille, espérant obtenir la permission d'épouser miss Cécile. En son absence, la pauvre enfant donna le jour à un fils; et, sir Charles C... tardant à revenir, Cécile devint folle : elle avait abandonné l'enfant qu'elle nourrissait, pour aller sur les chemins demander à tous les passans des nouvelles de Charles, lorsque tu arrivas d'Orléans, et Wann-Chlore se trouvait obligée. . . . .
. . . .

A ce moment Horace, en proie à une sauvage fureur, froissa cette lettre entre ses mains, la jeta au feu par un mouvement convulsif et ses dents se choquèrent avec bruit; puis, frissonnant comme s'il eût été en proie à une fièvre mortelle, les yeux fixes, il parcourut la chambre en rugissant, car les mots arrivaient à sa bouche en cris inarticulés; mais tout à coup, à l'aspect d'Eugénie qui, pâle et tremblante, suivait d'un œil épouvanté, ses moindres mouvemens, il vint se rasseoir sur un fauteuil, garda une attitude tranquille, et, passant la main sur son front en sueur, il retrouva un de ces faux airs de calme sous lesquels les hommes de courage cachent leurs profondes douleurs.

Nikel entra, fit un signe à son maître, et Landon, sans prononcer un seul mot, s'élança et disparut.

Il y eut un temps en France où, le matin, un messager de mort se présentait appelant par leurs noms les chefs des plus illustres familles...

à ce moment, Eugénie, à l'aspect de Nikel entraînant Horace, crut entendre une voix menaçante crier :
— « Eugénie! Eugénie!..

CHAPITRE XIII.

Horace arriva sur le seuil de l'appartement où se trouvait Annibal, et il tremblait tellement que Nikel fut obligé d'ouvrir la porte lui-même: à l'aspect d'Annibal, Horace resta immobile et stupéfait, sa fureur s'éteignit, il frissonna et se tut.

Salvati était un de ces jeunes gens qui auraient pu servir de modèles aux peintres quand ils essayent de rencontrer la beauté idéale ; mais alors ses bras maigres et décharnés indiquaient une éthisie complète ; ses cheveux noirs étaient épars, en désordre ; son front livide menaçait comme celui du fou; sa voix sépulcrale annonçait le malheur.

A la vue de Landon, il détourna la tête, ses dents claquèrent comme si elles eussent été de fer et il tendit à Horace une main froide : ses yeux étaient attachés sur la table qui se trouvait auprès de son lit et sur laquelle Landon vit un écrit, des papiers et plusieurs flacons pleins de vin, parmi lesquels était une fiole dont les parois transparens laissaient apercevoir les traces d'une liqueur brune. Soudain Annibal releva sa tête et, lui lançant un sombre éclair plutôt qu'un regard, il dit à Horace :
— « Je viens de m'empoisonner et... je m'enivre.

Landon s'avança précipitamment comme pour lui porter secours; alors la pitié, naturelle à l'homme, étouffait tout autre sentiment ; mais un geste impérieux d'Annibal lui montra une chaise sur laquelle il s'assit, et Salvati, avec un souris ironique que sa situation rendait presque féroce, lui dit : — « Va, laisse-moi mourir... » Il pencha la tête sur sa poitrine pour cacher sa honte, et reprit : « Horace, je me suis mis, comme un lâche, dans la situation d'un enfant auquel personne ne fera jamais que des caresses, parce qu'il est faible et débile, et cela pour exercer encore une sorte d'empire... Je veux !.. osé-je vouloir?.. Je serais mort loin de toi, mais te voir, Horace ! te voir et entendre ta voix me pardonner... oh, pour cela je souffrirais mille morts ! »

—Te pardonner!.. à toi, mon bourreau !..

—Eh! s'écria le moribond d'une voix éclatante, n'as tu pas été le mien?

—J'étais aimé!.. moi!..

—Et moi, je l'aimais sans espoir.

—Elle m'appartenait.

—Non! c'est moi qui te l'ai montrée.

—Tu m'as assassiné !..

—Je meurs...

—Meurs donc promptement que je ne vous voie plus...

—Horace, jadis tu me disais « Mon ami!.. »

—Tu ne l'est plus.

—Je meurs, Horace, et... tu seras heureux, toi!.. Tu l'épouseras, elle t'attend.

—Tais-toi!.. tais-toi!.. s'écria Horace en fureur.

—Oh!.. répondit Annibal, mes entrailles sont brûlantes et... un mot de toi calmerait mes souffrances, je mourrais heureux...

Landon fut attendri; il tendit la main à Salvati, qui s'en empara avec une sorte de rage, fondit en larmes et la serra sur son cœur avec une espèce de délire. Alors sa figure, déjà crispée par l'effet du poison, devint sereine et, pendant un moment, elle recouvra tout l'éclat de la jeunesse.

—Me pardonnes-tu, ami?

Horace baissa la tête et le moribond effrayé s'agita en frissonnant.

—Où est-elle donc!... demanda Horace.

—Elle est à Tours!... tu la re-

verras!... Ah, Horace! ce mot seul expierait des milliers de crimes... Annibal se tut un moment et reprit :
— Tu la verras ensevelie dans une maison funèbre, dans ce qu'ils appellent *le Cloître*... je ne l'ai jamais traversé sans terreur... Je te répéterai ce que jadis ton âme céleste a dit à sir Charles C...« Rends-la heureuse. »

A ce dernier mot, Annibal trembla de tous ses membres avec tant de force qu'il écarta, par cette convulsion, les draps dont il était couvert et se leva menaçant : Landon lui répondit par un regard farouche, il retomba sur sa couche avec effroi.

— Croirais-tu que je t'ai calomnié au point de lui annoncer que tu étais marié?.. Horace frissonna. — Alors elle s'est levée, m'a regardé en di-

sant: — « Il m'aime!.. » Horace poussa
des cris inarticulés en restant néanmoins dans une immobilité complète
et semblable à un fou.

Bientôt Annibal, en proie à des
convulsions affreuses, fut hors d'état
de prononcer une seule parole; il
poussa des gémissemens sourds et
profonds, en indiquant à Landon le
chevet du lit; il souleva même, par
un geste désespéré, l'oreiller sur lequel il se débattait, et montra des
papiers. Horace s'en saisit, et Annibal, avec un sourire qui vint errer
sur son visage décomposé, comme
un rayon de lune sur des ruines, lui
dit: « Ce sont les véritables lettres
de Wann-Chlore... je les sais... par
cœur... »

Horace les parcourait déjà avec

avidité, mais un soupir de son ami les lui fit déposer sur la table, et il contempla en silence, mais avec une inexprimable douleur, l'agonie de ce jeune homme déjà sous l'empire de la mort : c'était là cet ami naguère florissant et remarquable par sa beauté; des larmes roulèrent dans ses yeux; Annibal les vit et le remercia par un mouvement des muscles de son visage. Alors, avec l'indécision et la peine qui règnent dans les gestes d'un moribond, mais aussi avec la douleur d'une mère qui verrait mourir son fils, avec les regards effrayans d'un avare comptant son or, il détacha silencieusement un ruban noir de son col et en montra dédaigneusement la couleur à Landon. Le portrait de Wann-Chlore roula sur le lit. Cette peinture était due à un pinceau célèbre, et il était facile de voir que la voluptueuse ivresse de la figure avait long-temps fait le bonheur du mourant. Annibal tendit le portrait à Horace, pour lui indiquer qu'il le lui donnait, mais il le ramena précipitamment vers lui en ajoutant à ce geste un regard significatif.

Landon interpréta ce langage secret et réussit à disposer cette image de manière qu'Annibal pût la voir jusqu'à son dernier soupir. Il fit un mouvement de tête et dit : — « Es-tu bon !.. Ah ! tu me pardonnes !..

— Oui, dit Horace.

— Ah ! Horace ! ma mort est bien douce !.. Une lumière magique rendit encore à son visage l'éclat de la jeunesse; il regarda l'image de Wann-Chlore : « elle est belle, mais terrible!..

Telle fut sa dernière parole : quelque temps après il parut dormir et ne se reveilla plus.

Horace, en voyant son ami exhaler le dernier soupir, resta quelque temps en proie à une sombre terreur. Le portrait de Wann-Chlore gisait sur ce corps et, pour la première fois que cette belle créature reparaissait brillante à ses yeux, elle s'élevait au sein de la mort; mais cette sinistre pensée passa comme un éclair; Landon s'élança au-dessus de l'orage qui s'élevait dans son âme et prit aussitôt sa résolution avec une énergie qui la rendait irrévocable.

Il sortit, appela Nikel, et lui dit :

—« Annibal est mort, je te charge d'empêcher que l'on étourdisse la duchesse de cette aventure. Le testament de Salvati est sur la table, il expliquera cet événement; mais tu empêcheras surtout que l'on ne bavarde dans l'hôtel sur cette aventure et tu tâcheras de faire passer le convoi, de grand matin, par le petit hôtel... entends-tu?...

— Oui, mon général.

Horace prit la main de son chasseur, lui dit d'une voix émue : « Adieu, Nikel, » et il fit quelques pas; Nikel courut, l'arrêtant :

— Pourquoi donc adieu, mon général? quand vous iriez au diable... je dois vous accompagner.

— Tu n'es pas discret.

— Ah! faut-il que ce soit mon général...

— Eh bien, Nikel, dit Horace à voix basse, pas un mot ou je te brûle la cervelle.

— Suffit, mon général.

— Alors reste ici trois jours pour exécuter les ordres que je viens de te donner et tu viendras me rejoindre à Tours, mais garde-toi de faire une seule démarche qui puisse trahir ton voyage, ta route; tout serait perdu... « Nikel s'inclina.

Landon, jetant un dernier coup d'œil plein de pitié sur Annibal, sortit de ce fatal appartement. En traversant la cour, ses regards se portèrent malgré lui sur l'appartement d'Eugénie. Elle était à sa fenêtre, épiant, avec la sollicitude de l'amour, le moment où Horace rentrerait, et, en l'apercevant, elle quitta la croisée pour courir au-devant de lui.

— « Horace, dit-elle d'une voix troublée, qu'est-il donc arrivé? » Il garda le silence. Parvenus dans la chambre, la lumière permit à la duchesse de remarquer le changement des traits de Landon et elle s'écria avec un douloureux accent : « Tu es pâle!.. oh! qu'as-tu donc mon amour?..

— Eugénie, dit Horace, Annibal est venu!...

— Oui! dit-elle avec un sourire convulsif.

— Il est mort tout-à-l'heure entre mes bras... » Eugénie respira. « Eugénie, reprit Landon, je suis obligé par cet événement à faire un voyage.

— Tu vas partir!... dit-elle, partir en ce moment!

— A l'instant.

— Me quitter au moment où ta pauvre Eugénie va te donner un fils!... un fils, mon ange!.. ton fils ne t'arrêtera-t-il pas?...

— Je reviendrai, Eugénie.

— Que sais-je? dit-elle en pleurant; tout me semble malheur, mon esprit est troublé. Ah! s'écria-t-elle, je vais partir avec toi!

— Cela est impossible.

— Pourquoi?

— Veux-tu risquer ta vie, celle de notre enfant?

— Quelle est la femme qui ne voyage pas à l'époque où je suis?

— Mon Eugénie, ne me force pas à te refuser?... entre nous, un refus est une dureté... Mon voyage exige une célérité... se fait pour de tels intérêts .. que... — Écoute, Horace, dit-elle en l'interrompant, tu es embarrassé... mon cœur est le tien, et je le sens gêné, oppressé! Souffres-tu? je veux ma part de ton chagrin. Ta fortune, ton honneur sont-ils compromis...?

Horace s'assit, croisa ses bras sur sa poitrine et resta absorbé dans une profonde rêverie.

— Il ne m'écoute pas, dit-elle avec désespoir. Elle se mit à le contempler à la dérobée et surprit les regards presqu'effrayans qu'il lui lançait par intervalles : alors il y eut un moment de silence pendant lequel Eugénie essaya de secouer les sinistres pressentimens dont elle était agitée. Horace se leva pour aller dans son cabinet.

— Où vas-tu? dit-elle. Ces questions qui, dans le cours de la vie tranquille, font plaisir, annoncent l'intérêt, sont même des caresses entre ceux qui s'aiment, deviennent, en ces momens terribles, d'un affreux despotisme : Landon, égaré par le malheur qui l'accablait, jeta un regard de maître à sa femme (alors c'était *sa femme*), et lui répondit:

—Eh! pour Dieu, mon ange, laisse-moi tranquille! Je vais dans mon cabinet chercher de l'argent!«Ce ton, qui, tout-à-coup et comme l'éclat de la foudre, discordait avec une année entière d'amour et de paix, fit frissonner Eugénie : ses yeux devinrent secs, elle pâlit, refoula sa douleur au fond de son âme, le regarda avec amour, et prenant un son de voix d'une douceur céleste :

— Mon ami chéri, dit-elle, je ne te le demandais que pour savoir si je pouvais t'éviter une peine !... » Landon trop ému voulut sortir.

—Tu pars !.. s'écria-t-elle, et... sais-tu ce que vaut une minute pour ton Eugénie..? Laisse-moi t'accompagner, je te verrai quelques minutes de plus !» Sa figure suppliante et craintive brillait d'amour, et, ses genoux tremblans ne pouvant plus la soutenir, elle se prosterna aux pieds d'Horace.

Landon voulait prendre les fausses lettres qu'Annibal lui avait fait parvenir jadis, afin de dévoiler à Wann-Chlore, la trame odieuse dont ils étaient victimes; et, comme un criminel qui, avec terreur, efface les vestiges d'un assassinat nocturne, il eut peur qu'Eugénie ne le vît toucher à ces papiers qu'elle ne connaissait que trop, et ne devinât l'affreuse vérité; car les femmes qui aiment ont un sens si délicat pour ce qui concerne leur unique bien, que Landon craignait même un regard; alors il refusa cette faible grâce à Eugénie.

Elle baissa la tête sur son sein, se tut, et ne poussa même pas un soupir. En un moment Landon revint avec une telle rapidité, que quand sa femme releva son visage baigné de pleurs, elle le revit à ses genoux. Il lui prit les mains, les couvrit de baisers, la saisit dans ses bras et, en proie à un délire croissant : « Adieu ! disait-il, adieu ! »

— Horace, tu reviendras pour voir ton enfant?

— Oui.

— Tu reviendras pour consoler ton Eugénie de ses douleurs?

— Oui.

— Ne manque pas à revenir; je mourrai, si je ne te revois alors.

— Oui.

— En quinze jours on traite bien des affaires!...

— Oui! Et il se leva pour partir.

— Et tes chevaux?...

— Je vais à pied.

— Seul?

— Oui seul. »

Eugénie se leva, ouvrit la croisée, et tira son mari à elle; puis, lui montrant le ciel dans toute sa magnificence et la lune qui roulait entre des nuages de bronze : — « Horace, tu n'abandonneras jamais Eugénie... tu es mon protecteur, ma vie, *tu es à moi !*... tu me dois le bonheur... Ah! tu l'as promis par un regard, par un baiser !.. Pars donc, mon amour, je ne crains plus rien !.. »

Elle était pleine de dignité, sublime !.. l'enfant qu'elle portait, avec une noblesse rare chez les femmes, donnait à ses paroles une imposante autorité : elle semblait se reposer avec confiance sur cet otage chéri qu'elle gardait dans son sein.

Il est des instans où l'homme, tel énergique qu'il puisse être, a un poids de douleur au-dessus de ses forces ; alors il se tait. Landon se tut, serra la main d'Eugénie, versa un torrent de larmes, embrassa la duchesse par une de ces étreintes où l'amour se joint au désespoir et il disparut. Eugénie resta clouée à cette fenêtre, attendit que son mari parût dans la cour, écouta le bruit de ses pas : « il semble qu'il me foule en marchant!.. » se dit-elle ; elle le suivit de l'œil, l'entendit ouvrir la porte, et lorsqu'il la ferma, elle crut avoir vu Horace tomber dans un gouffre. Chez elle tout était instinct, ou peut-être entre ceux qui se connaissent et s'aiment, y a-t-il un phénomène moral, inconnu, que l'on n'a pas encore assez observé pour l'expliquer.

Malgré sa noble confiance, la duchesse resta en proie à de tristes réflexions qui se succédèrent les unes aux autres avec rapidité. C'était la première absence dont elle subissait le supplice, elle en ignorait les motifs. Hélas! rien n'est affreux comme les premiers momens qui suivent le départ d'un être qui nous est cher, et avec lequel surtout on a contracté une longue habitude de bonheur. Alors il n'y a plus ni temps, ni jour; on souffre, et, sans qu'on puisse désirer la mort, on a trop de la vie. Les pensées n'ont rien de clair, elles arrivent en foule et on ne les coordonne plus. Tout est machinal. Eugénie prévoyait vaguement qu'elle était dans une situation malheureuse, mais elle en ignorait la cause, les effets. Elle ne pouvait que pressentir l'infortune.

Le lendemain matin sa mère vint la voir et la trouva changée. Eugénie lui apprit le départ subit de son mari, avec une simplicité affectée et en lui cachant la peine que ce voyage lui causait.

« Je ne m'en irai certes pas! dit madame d'Arneuse à madame Guérin ; laisser ma fille seule dans l'état où elle est!.. Un mari seul en est capable ; moi, rien au monde ne m'arracherait d'ici. Les hommes ont des affaires importantes que nous n'avons pas, ajouta-t-elle, et cette absence inconcevable me force à rester auprès de ma fille!...

— Je reconnais là ton bon cœur ! dit madame Guérin.

— Ma mère, je vous remercie, car la solitude me serait cruelle ?

— N'est-ce pas, ma fille ?.. Es-tu changée!.. Abandonner sa femme quand elle est sur le point d'accoucher!...

— Ma mère, ne l'accusez pas, je connais son cœur, et la nécessité seule...

— Allons donc, c'est mal, très-mal, c'est affreux! Cet homme-là, je l'ai toujours dit, a un cœur sec... il est égoïste.

On apprit dans la journée la mort d'Annibal; et, Nickel, ayant réussi par ses soins à étouffer les détails de cette aventure, cet événement fit croire à madame d'Arneuse que son gendre pouvait avoir des affaires sérieuses à traiter.

Eugénie devint comme passive et obéit aux volontés de sa mère : madame d'Arneuse ne trouva plus cette invincible barrière qui s'opposait à son pouvoir; il semblait que l'âme d'Eugénie eût suivi Landon. Elle restait constamment distraite, rêveuse et ne remerciait même pas sa mère des soins qu'elle lui prodiguait avec une activité, un empressement, extrêmes. Madame d'Arneuse, ravie d'avoir trouvé un prétexte honorable pour rester à Paris, enchantée de la soumission de la duchesse, avait subitement changé d'opinion : « Eugénie, disait-elle, était un ange ; elle avait enfin reconquis tous ses droits sur le cœur de sa fille ; et M. le duc de Landon seul avait causé la mésintelligence dont elle s'était plainte. » Quatre jours après le départ de Landon, Rosalie entra chez sa maîtresse et lui dit : « Madame, le valet a fait comme le maître, il s'est enfui...

— Pauvre Rosalie !...

— Oh ! madame, répondit-elle, je

ne m'afflige pas!.. si Nickel est avec M. le duc, je suis tranquille, et si mon traître m'a quittée si brusquement, c'est marque certaine d'un prochain retour. — Dieu le veuille, Rosalie! — Oh, mon Dieu! comme madame est triste! elle ne prend même plus garde à sa toilette; je l'habillerais de travers, elle ne me dirait rien. — Y est-il, Rosalie?..

Plongée dans une morne douleur, chaque matin la duchesse attendait le lendemain avec une impatience qui s'accrut de jour en jour. Tout la fatiguait, elle aurait voulu dévorer le temps. Le passage d'une voiture lui causait une sensation si douloureuse, qu'à son insu l'on empêcha le bruit de la rue d'arriver à elle. Le défaut de lettres la frappa vivement, et son âme se remplit de craintes vagues, de soupçons affreux. L'existence lui devint à charge; et, chose digne de remarque, plus elle souffrit, moins elle se plaignit : sa douceur augmentait avec la peine.

Le moment d'être mère arriva au milieu de cette angoisse. Elle se souvint de *lui* avoir écrit jadis que, souffrir pour *son* bonheur, mourir même, serait pour elle une sorte de joie, et ce souvenir lui rendit quelque courage. Madame d'Arneuse attendait son gendre avec impatience, mais le jour critique se passa sans que Landon en eût adouci les horreurs par sa présence. Eugénie fut gardée par ses deux mères, et à tout moment elle leur demandait : « Horace vient-il ? » Il y eut un moment où elle cessa ses cris déchirans et à travers le désordre de ses traits, il fut facile d'observer que la douleur de son âme éclipsait les douleurs physiques. Elle eut un fils, et pleura de joie (quelle joie!) en voyant sa parfaite ressemblance avec Horace. Elle voulut le nourrir et son chagrin fut souvent allégé par le plaisir qu'elle éprouvait à contempler cette vivante image de son bien-aimé. Plus d'une fois elle sourit quand sa mère disait : « Apportez M. le marquis de Lan- « don, » mais ce sourire causait une sorte d'effroi.

Madame d'Arneuse mit une sorte d'ostentation aux soins qu'elle prodiguait à sa fille : elle semblait à tout moment accuser son gendre en montrant avec quel zèle elle le remplaçait, et cette sollicitude qu'elle manifestait pour les souffrances du corps était le triomphe de son âme sans expansion.

« Il ne m'écrit pas ! disait Eugénie. Quel nom donnerons-nous à son fils ? » Elle leva cette difficulté en le nommant Horace-Eugène. « C'est la meilleure manière de nous rendre inséparables ! » dit-elle avec amertume. Là, elle ne pressentait plus le malheur, elle le voyait dans toute son horreur.

Au milieu de ces événemens, madame d'Arneuse devint souveraine maîtresse dans la maison de sa fille. Elle en éprouva une joie que, par décence, elle aurait bien voulu cacher ; mais le jour de l'accouchement elle parcourut l'hôtel en donnant des ordres multipliés : « Allez chercher l'accoucheur! montez à cheval, faites ceci, prenez garde de réveiller la duchesse! etc., et un certain contentement brillait à travers sa douleur *extrême* : elle promulguait ses volontés avec une dignité, une habitude du commandement qui la rendaient heureuse, ne fût-ce que de la manière dont elle s'acquittait de ces nobles fonctions. Quelquefois elle daignait se familiariser avec les gens et leur demandait : « M. le duc n'arrive donc pas! Hélas, que je désirerais M. le duc ici! Madame peut devenir bien dangereusement malade! » Alors son activité d'esprit et de corps trouvant une pâture, elle joua très-bien son rôle de mère auprès d'Eugénie. Si parfois cette tendresse avait encore une expression dure, il fallait en accuser son naturel, la rigueur d'un front peu ductile, et « la nécessité, disait-elle, d'en imposer à une jeune femme qui répugnait à se conserver la vie. »

Madame d'Arneuse, au milieu de sa profonde douleur, conservait une singulière présence d'esprit : elle était ingénieuse et fertile en ressources pour tromper Eugénie sur le temps écoulé depuis l'absence de son mari; et madame Guérin admirait les inventions nouvelles par lesquelles elle savait distraire leur fille. Une circonstance qui aggravait chaque jour le chagrin d'Eugénie, était le défaut de nouvelles : madame d'Arneuse se procura plusieurs lettres de Landon; et, avec une patience incroyable, elle découpa tous les mots nécessaires pour fabriquer une lettre qu'elle avait composée à l'avance; puis rassemblant ce *pasticcio* sur une feuille de papier, elle en fit tirer un *fac simile*, imita assez adroitement sur l'adresse l'écriture de Landon, le timbre de la poste, et présenta cette lettre à Eugénie.

Il est impossible de rendre la joie qu'éprouva la duchesse à la lecture de cette lettre : elle expliquait assez bien le silence de Landon depuis trois mois; et, d'abord Eugénie ne discuta pas le mérite des expressions ampoulées d'un feint amour, elle ne vit pas que

...Ce n'est point ainsi que parle la nature.

Heureuse mille fois, elle laissa tomber le papier à l'endroit où Landon était censé lui recommander de donner à son fils les noms réunis d'Eugène et Horace. « Ah! s'écriat-elle en pleurant, il m'aime! il m'aime toujours... Nous avons encore cette chère et précieuse identité de pensées, ce sixième sens des amans!... » Dès lors son chagrin se dissipa; les pressentimens de malheur qui la tourmentaient s'enfuirent; elle recouvra quelque tranquillité; et, son âme ne soupçonnant point la ruse, elle crut à la sincérité de cette lettre. Sa santé revint même dans tout son éclat.

Quelques mois se passèrent ainsi, et Eugénie espéra d'autres lettres; elles n'arrivèrent point, car madame d'Arneuse n'osa pas recommencer deux fois la même supercherie : elle avait cru faire ainsi gagner à Eugénie le moment où Landon serait de retour, et Landon ne revint pas. Alors la duchesse retomba promptement dans l'angoisse de ses premières alarmes et la terreur revint envahir toute son âme : le fantôme de Wann-Chlore lui apparut, elle l'accusa de la désertion d'Horace, et la mort d'Annibal servait de preuve à ces terribles soupçons.

Sa mère et sa grand'mère avaient coutume, depuis sa maladie, de venir le matin dans sa chambre et souvent elles s'y rendaient avant son réveil. Un jour, le hasard voulut que la duchesse s'éveillât doucement sans altérer même le souffle régulier de notre respiration pendant le sommeil, et elle entendit ses deux mères chuchoter à voix basse. Aussitôt elle ferma les yeux, feignit de dormir et écouta.

« Quelle affaire assez pressante, peut retenir Landon cinq mois hors de chez lui sans donner signe de vie!... serait-il mort?... » disait madame d'Arneuse. Eugénie frissonna : « On me trompe, » pensa-t-elle avec effroi.

— Il y a quelque mystère là-dessous, répondit madame Guérin, et il est probable que nous ne le découvrirons pas, mais certes il est arrivé quelque événement important.

— Quel événement? reprit madame d'Arneuse. Landon n'a éprouvé aucun échec dans sa fortune et le duc de R*** a dit l'autre jour qu'on allait le nommer pair de France...

— Tout cela est bien, reprit madame Guérin en interrompant sa fille, mais tu ne sais pas que ce jeune homme, mort il y a six mois, est mort empoisonné.

— Empoisonné!... s'écria madame d'Arneuse, et par qui?... serais-ce?...

— Il s'est empoisonné lui-même : il paraîtrait qu'il s'est puni de je ne sais quel crime dont il était coupable envers Landon!... »

Eugénie jeta un grand cri et s'évanouit. Son heure était venue. Pour elle, la vérité fatale avait lui dans tout son jour. « Je suis abandonnée!... s'écria-t-elle, trahie! je suis morte!... » Puis tout-à-coup, se voyant entre les bras de sa mère, elle frissonna d'horreur et se tut. Aux questions multipliées de madame d'Arneuse, elle répondit constamment que ses exclamations étaient causées par un rêve affreux et elle rentra dans un calme terrible.

La Duchesse tomba d'abord dans un profond anéantissement. Elle bannit de sa présence Rosalie, sa mère, sa grand'mère, son enfant même ; car elle ne le vit plus que le temps strictement nécessaire pour l'allaiter, encore annonça-t-elle l'intention de le sevrer, elle qui trouvait tant de bonheur à le nourrir !... Dévorée par la jalousie et le désespoir, elle renferma héroïquement ses souffrances dans son âme et se fana comme une fleur coupée. Le fantôme de Wann-Chlore la suivait partout, et souvent elle détourna les yeux comme s'il eût été au pouvoir de ses yeux de le bannir. Cette année de bonheur et d'amour, la plus magnifique, la seule de sa vie, était aussi là, presque personnifiée par ses regrets et Eugénie marchait entre l'image d'une félicité morte et le désespoir vivant... Incapable de raisonner et d'agir, elle éprouvait cette horrible apathie qui saisit notre âme quand elle a perdu son idole. Une femme abandonnée a quelque chose d'imposant et de sacré : en la voyant on frissonne ou l'on pleure; elle réalise cette fiction du monde détruit, et sans Dieu, sans soleil, encore habité par une dernière créature qui marche au hasard dans l'ombre et le désespoir; une femme abandonnée!.. c'est l'innocence assise sur les débris de toutes les vertus mortes... Souvent Eugénie se surprenait à rire de douleur. La solitude était effrayante, le monde, un fardeau pesant. Elle ne répandait plus de larmes, son cœur vivait desséché. L'amour et ses feux, la jalousie et ses poisons, le bonheur et ses souvenirs, les regrets, l'espérance, toutes les passions humaines s'étaient emparées de son cœur pour le déchirer, comme une meute de chiens dévore une biche des forêts. Elle marchait au milieu des cris de mille furies ; éprouvant même parfois un besoin féroce de se briser elle-même, elle appelait à grands cris, non pas la mort, mais une souffrance horrible, pourvu qu'elle agît sur son corps seulement. Semblable à ces solitaires de la Thébaïde, elle aurait volontiers revêtu un cilice intérieurement garni de pointes de fer; aussi, malgré les douleurs de son âme, elle avait contracté une cruelle activité de corps qui ne lui permettait pas de prendre un seul instant de repos. Elle haïssait surtout l'aspect de son hôtel, et, avec un délire inconcevable, elle aimait à marcher à pied dans Paris, précisément lorsqu'il pleuvait; et, quand à force de fatigues, elle obtenait un douloureux sommeil, elle était heureuse, par cela même qu'elle n'existait plus. Enfin, son supplice devenait d'autant plus affreux qu'elle était obligée de garder le silence, de souffrir sans crier; car personne autour d'elle ne pouvait la comprendre, et, pour dernier trait, s'élevait cette pensée affreuse pour elle : « Landon n'est pas coupable!... »

Elle était forcée de l'absoudre autant par amour que par nécessité ; elle seule se trouvait victime de ces fatalités qui dévouent certaines créatures à d'éternels malheurs.

La duchesse avait été accoutumée à remplir les devoirs imposés par la religion, elle était vraiment pieuse, mais elle avait négligé Dieu pendant l'année de bonheur qui venait de s'écouler ; car, il est à remarquer que l'amour est de toutes les passions celle qui se suffit le plus à elle-même, et qui écarte des autels les âmes amoureuses qui doivent y trouver un jour leur dernier refuge : alors Eugénie courut aux pieds du Dieu vivant et son cœur y resta muet. Vainement elle essaya de prier, ses lèvres se remuaient sans rien articuler ; le bonheur l'avait rendue athée, le ciel était vide pour elle, Landon régnait seul dans son âme.

Elle languit et se traîna, pour ainsi dire, au bord de la tombe. Là, elle eut comme une entrevue avec l'autre monde, et, frappée de l'horreur du néant, elle revint à la vie avec une sorte de fureur. La duchesse retrouva soudain une prodigieuse énergie, et résolut d'aller chercher son époux, de reconquérir ce bien qui lui appartenait, au moins en vertu des lois humaines. Elle ne recula point à l'affreuse idée de réaliser ces mariages par lesquels jadis des bourreaux attachaient un cadavre à une jeune fille, un cœur mort à un cœur plein de vie. « Qu'il aime Wann-Chlore !... s'écria-t-elle, je suis sa femme, il me doit sa présence, il est à moi!... »

A cette exclamation qui lui échappa un matin que, seule, elle sortait de son lit désert, elle fondit en larmes en songeant qu'elle ne pouvait plus jamais plaire à Landon. Et quel moment terrible pour une femme qui aime, que le moment où elle découvre que le *charme* est rompu!... « Je vais, ajouta-t-elle en sanglotant, aller redemander par des sommations un cœur sans amour... » Là elle conçut le dessein sublime de se retirer à Lussy pour y mourir en silence, mais un moment après la jalousie, s'élevant dans son âme, lui montra du doigt les deux amans épouvantés par son arrivée. A cette scène elle frissonna d'horreur, car elle était généreuse et alors il ne resta plus dans son âme qu'un seul désir, mais un désir terrible : « *Le voir!*... périr de sa main, rendre à sa vue une vie créée à sa vue... Là, où il vivait, il y aurait bien des souffrances, mais elle pourrait au moins glaner quelques regards. La terre foulée par lui serait brillante, il y ferait jour au moins... Et... son enfant!... son enfant ne vaudrait-il pas un sourire à la mère?.. Un sourire!... c'est désormais le bonheur! » Elle résolut de partir.

Alors, avec la finesse des femmes, elle songea aux moyens de découvrir le lieu où Wann-Chlore et Horace s'étaient retirés. En s'occupant ainsi de son départ, ses douleurs se calmèrent. L'âme n'a-t-elle pas un merveilleux instinct pour toujours espérer, et Eugénie était joyeuse en pensant qu'elle allait infailliblement revoir son bien-aimé, et... peut-être était-il encore tout à elle... Eugénie même, établissait mille situations probables dans lesquelles Landon restait toujours son époux chéri.

Elle se rendit à la place Royale. En approchant de cette maison long-temps habitée par Wann-Chlore et où Landon avait été si heureux, elle fut saisie d'un tremblement convulsif, elle hésita même long-temps à entrer. Elle aussi allait questionner le concierge!... Elle ne trouva plus ce vieillard qu'Horace lui avait dépeint; un jeune homme lui apprit où le vieux portier s'était retiré. Il habitait Vincennes. Eugénie y courut;

car lui seul savait ce qu'étaient devenus les anciens locataires. « Madame, lui dit-il, miss Cécile Wann a épousé lord C... et j'ai vu là un beau mariage! deux époux célestes, deux anges! puis, un contraste affreux, ma petite dame, car auprès d'eux était miss Wann-Chlore, la plus belle des fleurs de la vallée, flétrie, malheureuse, éplorée... Ah! excusez, madame si je pleure, mais cette douleur est toujours là, sur mon cœur... Je leur dois tout, cet asile, ce champ. Alors, madame, elle était abandonnée...

— Abandonnée! s'écria Eugénie en frappant des mains et les yeux fixes.

— Abandonnée par un jeune militaire qu'elle aime, et... elle seule au monde sait aimer! Pour la distraire, lord et lady C... ont voulu l'emmener avec eux à Tours, mais rien ne pourra la distraire... Elle est allée à Tours avec eux... Il me semble être encore au jour du départ de miss Wann-Chlore. Elle m'ordonna de descendre dans la cour tous les meubles qui étaient dans son appartement et elle les a brûlés, madame... Elle ne voulait plus voir les moindres objets touchés par ce jeune homme... Elle a dû, madame, mourir de chagrin...

Eugénie tressaillit : était-ce de joie ou de douleur ? Elle l'ignorait elle-même.

— Etes-vous sûr qu'elle soit à Tours ?..

— Je le crois, madame, et elle doit y être seule, car lord et lady C... ont passé par Paris il y a environ un an...

— Seule! s'écria Eugénie, seule... Elle disparut.

A quelques jours de là, madame d'Arneuse et madame Guérin, plongées dans un étonnement profond, avaient mille sujets de conversation :

— 1° Comment Eugénie avait-elle pu partir sans prévenir sa mère du but de son voyage?..

2° — Emmener Rosalie, une fille sans expérience!

3° — Cacher la route par laquelle elles se dirigeaient.

4° — Les enfans se conduisaient aujourd'hui comme s'ils n'avaient jamais eu de père ni de mère.

5° — Comment excuser leur défaut de confiance?

6° — Agir sans demander de conseils!

7° — Quels événemens extraordinaires pouvaient donc autoriser une semblable conduite ?

8° — Quels malheurs n'arriveraient pas à des gens d'une telle jeunesse, et... sans guide...

9° — Avec quelle promptitude Eugénie avait oublié ses devoirs et les bienfaits maternels.

10° — L'ingratitude des enfans !..

Enfin, le courroux des deux dames s'apaisa. Des mille sentimens qui les agitèrent successivement, il ne resta plus que le sentiment impérissable de la curiosité, et elles cherchèrent à le satisfaire par tous les moyens qu'elles purent imaginer.

FIN DU TOME TROISIÈME.

www.ingramcontent.com/pod-product-compliance
Lightning Source LLC
Chambersburg PA
CBHW050639170426
43200CB00008B/1085